IMPERIALISMO

daVinci

EDITOR
Daniel Louzada

REVISÃO
Cássio Yamamura

CAPA
Maikon Nery

PROJETO GRÁFICO E DIAGRAMAÇÃO
Victor Prado

IMPERIALISMO
UMA INTRODUÇÃO ECONÔMICA

JULIANE FURNO

2ª REIMPRESSÃO

RIO DE JANEIRO, 2025.

© Juliane Furno, 2022.
© Da Vinci Livros, 2022.

IMAGEM DA CAPA
The Plumb-Pudding in Danger; -or- State Epicures Taking un Petit Souper.
James Gillray (1756-1815) e Hannah Humphrey (1745-1818) — 1805, Metropolitan Museum Art of New York City.

Primeira edição: novembro de 2022.
Primeira reimpressão: janeiro de 2023.
Segunda reimpressão: junho de 2025.
Rio de Janeiro, Brasil.

Dados Internacionais de Catalogação na Publicação (CIP)
Vagner Rodolfo da Silva CRB — 8/9410

F989i   Furno, Juliane
Imperialismo: uma introdução econômica /
    Juliane Furno. — Rio de Janeiro: Da Vinci
    Livros, 2022. 208 p.; 13,8cm x 21cm.

Inclui bibliografia e índice.

ISBN 978-65-9959-764-0

1. Política internacional. 2. Imperialismo. I. Título.

2022-979   CDD 869.8992
                           CDU 821.134.3(81)

Índice para catálogo sistemático:
1. Política internacional 327
2. Política internacional 327

DA VINCI LIVROS
Livraria Leonardo da Vinci
Av. Rio Branco, 185 – subsolo – lojas 2-4
Centro – Rio de Janeiro – RJ – 20040-007
davincilivros@leonardodavinci.com.br
www.davincilivros.com.br
www.leonardodavinci.com.br

INTRODUÇÃO 9

PARTE I
TEORIA CLÁSSICA DO IMPERIALISMO 14

Marx e as premissas do imperialismo 15
Antecedentes da tormenta 20
Hobson e o imperialismo como patologia social 25
Hilferding e *O capital financeiro* 28
Bukharin: economia mundial e imperialismo 32
Kautsky: ultraimperialismo e paz na guerra 38
Rosa Luxemburgo e o problema da realização do valor 41
Lenin: imperialismo como fase superior do capitalismo monopolista em decomposição 46
Controvérsias na Segunda Internacional e questão nacional e colonial 56

PARTE II
O IMPERIALISMO DO PÓS-SEGUNDA GUERRA MUNDIAL 64

Mandel e o capitalismo tardio 70
Baran e Sweezy: excedente e capital monopolista 80
Marini: transferência de valor e Teoria Marxista da Dependência 87
Amin: lei do valor mundializada e troca desigual 101

PARTE III
O IMPERIALISMO DO NOSSO TEMPO *112*

O imperialismo contemporâneo: a crise da década de 1970   *113*
Imperialismo e financeirização   *121*
Imperialismo e neoliberalismo: mais exploração na periferia   *127*
Império e imperialismo   *137*
O imperialismo é, sobretudo, estadunidense   *148*
Cadeias Globais de Valor, Superexploração
e transferência de valor   *163*
Imperialismo, anti-imperialismo e questão nacional
na América Latina   *186*

CONSIDERAÇÕES FINAIS   *197*

REFERÊNCIAS BIBLIOGRÁFICAS   *201*

INTRODUÇÃO

Imperialismo. Com este pequeno livro em mãos, talvez você se pergunte sobre a validade desse conceito. O fim dos anos 1980 marcou o início de um período em que falar sobre esse tema soava ultrapassado. Globalização e multipolaridade assumiram a cena na época de triunfo do neoliberalismo. A antiga categoria, dizia-se, já não era uma ferramenta útil para explicar as desigualdades que insistiam em barrar a concretização da profecia liberal de que os países emergentes em algum momento passariam a ser desenvolvidos.

A questão não é meramente semântica. O abandono da categoria imperialismo, que tanto mobilizou os revolucionários desde o final do século XIX, significava a vitória do projeto de dominação capitalista, sempre melhor executado quanto mais ocultado é. Prostrada, boa parte da esquerda adotou o termo globalização sem reservas, como assinalou, em crítica contundente, o economista marxista indiano Prabhat Patnaik[1] na virada da década de 1990.

---

1 https://monthlyreviewarchives.org/index.php/mr/article/view/MR-042-06-1990-10_1. [Os endereços de web mencionados neste livro

É importante chamar as coisas pelo nome, entretanto. Parto da premissa de que o imperialismo é o inimigo número um das nações subdesenvolvidas (igualmente nomeadas como dependentes ou periféricas) e age com mão de ferro – mesmo que atualmente utilize mecanismos belicistas com menos frequência – para barrar qualquer processo de afirmação da soberania e da vontade dos povos oprimidos.

Neste livro, você encontrará mais do que um percurso teórico sobre as principais escolas e intérpretes do imperialismo. Aqui está também a defesa desse conceito e as bases para entender sua atual configuração. O imperialismo é a chave para pensar como funciona o sistema de dominação global do capitalismo monopolista e de produção e reprodução da exploração periférica por um punhado de nações centrais lideradas pelos Estados Unidos da América.

O imperialismo existe a partir de um sistema complexo de relações econômicas, políticas e bélicas, não perdendo suas características em razão de sua forma principal de atuação ter se distanciado da caricatura de soldados "gringos" partilhando o mundo. Sua atuação contemporânea apenas adaptou-se ao estágio global de desenvolvimento do capitalismo, que pode manter o mesmo sistema de exploração e dominação da periferia, dispensando, pelo menos quando é conveniente, os mecanismos bárbaros associados ao período da acumulação primitiva ou originária de capital.

Além disso, o imperialismo não se constitui apenas como força que atua de fora para dentro e sufoca as ambições burguesas de realizar as tarefas do capitalismo moderno em bases nacionais. Ele atua, também, de dentro para fora,

---

foram acessados pela última vez entre setembro e outubro de 2022, antes da impressão da 1ª edição.]

na medida em que as nações periféricas, especialmente as latino-americanas, forjaram-se capitalistas em um período histórico distinto daquele que deu origem às experiências originais do capitalismo e já sob a tutela do capital monopolista. Assim, as burguesias nacionais ou já nasceram sob a batuta da integração subordinada ao capital estrangeiro e imperialista, ou foram cooptadas pelo imperialismo no imediato pós-guerra.

Minha interpretação é herdeira de uma tradição do marxismo latino-americano que prioriza a questão nacional e a luta anti-imperialista como formas de mediar as particularidades da nossa formação social e econômica dependente com a luta revolucionária de caráter socialista. Desse modo, a palavra de ordem contra o imperialismo e a defesa da autodeterminação das nações, em vez de ter o significado que tem nos países centrais, adquire, nas nações exploradas, um conteúdo de classe e de natureza revolucionária.

A defesa do desenvolvimento, da soberania, da reforma agrária e da pátria, ainda que aparente ser uma pauta típica das revoluções burguesas, nas periferias exploradas pelo imperialismo autocrático e burguês adquire conteúdos revolucionários, pois só pode ser concretizada pela classe trabalhadora e contra o capitalismo. Nas palavras do economista marxista egípcio Samir Amin, ao negligenciar a questão nacional e a luta anti-imperialista como pautas revolucionárias, "deixa-se então de compreender como esses povos, ao se revoltarem contra o imperialismo, mais do que ninguém, até agora, fizeram avançar a causa do socialismo" (AMIN, 1987, p. 17).

Divido esta obra em três partes, cada uma contendo breves notas introdutórias, situando o leitor no contexto histórico de cada período.

A primeira é reservada ao que comumente é chamado de teoria clássica do imperialismo. Apesar de se iniciar com John Hobson, um teórico não marxista, essa vertente ganha densidade com os debates no âmbito da Segunda Internacional Socialista. O capítulo dá ênfase às elaborações de Karl Marx, especialmente no livro III de *O Capital*, uma vez que as bases para a compreensão do imperialismo, especialmente as econômicas, foram lançadas pelo autor. O restante do percurso fica a cargo de Hobson, Rudolf Hilferding, Nikolai Bukharin, Karl Kautsky, Vladimir Lenin e Rosa Luxemburgo. Encerro abordando como os revolucionários e intelectuais da época conceberam as questões colonial e nacional diante da expansão capitalista.

A segunda parte trata das quatro grandes escolas e dos autores que sistematizaram as contribuições cruciais para a retomada do tema do imperialismo. Ernest Mandel, Paul Baran, Paul Sweezy, Ruy Mauro Marini e Samir Amin são os protagonistas dessa trama que se passa entre os anos 1960 e 1970. Esses autores buscaram atualizar a compreensão do capitalismo e do imperialismo em um período marcado pela transnacionalização do capital e pela intensa e acelerada industrialização na periferia que, como veremos, reafirmou as desigualdades em vez de eliminá-las.

A terceira e última parte trata do imperialismo contemporâneo. Inicialmente, situo a crise dos anos 1970 como um marco das transformações capitalistas que modificaram a forma de atuação do imperialismo. Em seguida, introduzo o tema imperialismo e neoliberalismo com a apresentação de um conjunto de premissas e autores que expõem as questões essenciais para que o leitor possa se aprofundar posteriormente.

Sigo com duas questões polêmicas na discussão atual: primeiro, a utilização dos termos império e imperialismo e, segundo, com o debate acerca da atual raiz econômica do imperialismo a partir das perspectivas sobre a organização da produção, a apropriação do trabalho nas Cadeias Globais de Valor (CGV), a superexploração como forma de criar dependência e a transferência de valor (especialmente entre capitais de distintos ramos da produção) como manifestação da lei do valor no mercado mundial.

Por fim, o último tópico traz reflexões sobre o imperialismo, o anti-imperialismo e a questão nacional na América Latina, defendendo o potencial de afirmação dos interesses e da soberania nacional em um processo de luta que, ao não se realizar no capitalismo dependente, possibilita a constituição de revoluções de caráter não apenas anti-imperialista, mas, sobretudo, anticapitalista e de natureza socialista.

A todas e todos, uma boa leitura!

PARTE I
TEORIA CLÁSSICA DO IMPERIALISMO

Imperialismo é uma palavra bastante utilizada no vocabulário das teorias críticas que procuram entender as relações entre as nações e como são produzidas e reproduzidas as desigualdades não só entre países, mas no interior de cada país. O imperialismo é uma força que age de fora para dentro, mas que também se processa no interior dos países pela ação de burguesias nacionais associadas a ele.

Antes de discutir o conceito e a historicidade de sua formulação, envolta em controvérsias, vale fazer referência aos pressupostos da análise mais geral do capitalismo como modo específico de produção que deram contorno à emergência do imperialismo.

Marx e as premissas do imperialismo

Embora os autores não tivessem denominado o fenômeno como imperialismo, as bases para desvendá-lo estavam presentes nas obras de Karl Marx e Friedrich Engels e podem ser encontradas no debate inaugurado pelo *Manifesto do Partido*

Comunista, em 1848. Partimos da premissa de que Marx e Engels já previram o imperialismo na análise minuciosa que fizeram sobre a natureza do modo de produção capitalista. Especialmente nos três volumes de *O Capital*, Marx dedicou-se à caracterização do conjunto das leis gerais e tendências que regem esse tipo particular de produção e reprodução.

No *Manifesto do Partido Comunista*, o germe do imperialismo já aparecia quando os autores assinalavam a existência de uma "artilharia pesada" das grandes potências agindo no comércio internacional mediante a possibilidade de redução do preço final das mercadorias para conquistar mercado e suplantar a livre concorrência. Ou seja, o mecanismo dos preços baixos era a primeira forma de atuação dos países mais desenvolvidos com o objetivo de alcançar melhores condições para a sua reprodução ampliada.

Constam no *Manifesto do Partido Comunista* outros dois elementos que inauguram o tema da desigualdade entre as nações já em bases propriamente capitalistas: primeiro, a expansão do modo de produção capitalista em termos globais, levando a um tipo de atividade comercial pautada não mais nos marcos que caracterizavam o período pré-capitalista – em que o livre comércio e as espoliações puras tiveram primazia; segundo, o avanço do capitalismo sobre as demais nações, especialmente através de inovações técnicas no campo dos transportes, que encurtavam distâncias e criavam melhores condições à exportação de capitais. Tais elementos serão centrais na posterior análise leninista sobre o imperialismo.

O *Manifesto Comunista* dá como exemplo o surgimento das estradas de ferro, que contribuíram com a tendência à exportação de mercadorias e também influenciaram a dinâmica do capital que já apresentava tendência à concentração e à sobreacumulação[1] nos países detentores dos maiores avanços técnicos. Em síntese, a exportação de capitais aumentava a atividade cosmopolita do capital, criando laços de dependência com a derrubada sistemática das fronteiras internacionais rumo à consolidação do capitalismo como sistema global.

Em *O Capital*, na chamada teoria do valor-trabalho, especialmente no livro III, Marx dissertará sobre as bases econômicas com referência às tendências de desenvolvimento do capitalismo; delas partirão os principais analistas da chamada teoria clássica do imperialismo. Após apresentar os processos de produção e de circulação do capital, respectivamente nos livros I e II de *O Capital*, Marx desce um grau significativo no nível de abstração, antes utilizado para compreender as principais particularidades do capitalismo, e passa a observar o processo de concorrência entre capitais, apontando a dinâmica de funcionamento do sistema e da relação de concorrência entre capitais, sejam eles do mesmo ramo ou de ramos distintos da produção.

Marx aponta que o capitalismo é um modo de produção que tende a superar qualquer elemento que possa caracterizá-lo como um sistema sustentado na livre concorrência e ruma para uma organização que fomenta a constituição de grandes oligopólios ou monopólios pela tendência à concentração e, principalmente, à centralização do capital. Em paralelo à ultrapassagem da fase de livre concorrência, há a tendência de aumento da composição orgânica do capital desses grandes grupos empresariais, isso porque oligopólio

---

1 Por sobreacumulação (ou superacumulação) entende-se a situação em que os capitalistas, ao não terem a expectativa de obter uma taxa de lucro considerada suficiente, optam por deixar de reinvestir seus capitais e a mais-valia obtida.

e monopólio não significam o fim da concorrência; pelo contrário, são a reafirmação da concorrência em bases monopolistas, ensejando um patamar de concorrência intercapitalista que derruba e assimila os capitais menores. Então – e lembrem-se disso – a concorrência é um elemento central no capitalismo. Ultrapassado, na fase monopolista, é apenas a "livre" concorrência. Para sobreviver nessa intensa competição capitalista, os grandes grupos empresariais precisam de inovações técnicas que aumentem a produtividade do trabalho, buscando reduzir o custo unitário das mercadorias, ou os custos de produção, em especial o custo da força de trabalho. Os capitalistas garantem isso com a manutenção de uma superpopulação relativa excedente. Esses trabalhadores desempregados – que aparecem sob o conceito de exército industrial de reserva – cumprem três funções importantes: rebaixam o custo da força de trabalho, disciplinam os trabalhadores que estão na ativa a produzirem mais e melhor e evitam a luta sindical pelo medo do desemprego.

Outra forma de aumentar a produtividade e reduzir custos é investir proporcionalmente mais em capital constante (meios de produção e matérias-primas) do que em capital variável (força de trabalho). Esse processo determina que mesmo mantida a mesma taxa de mais-valia[2], o capitalista individual mais produtivo obtenha uma maior taxa de lucro.

Isso quer dizer que a taxa de lucro será determinada justamente pela grandeza do capital que foi investido em cada

---

2   A mais-valia (ou mais valor) é, basicamente, a diferença entre o tempo de trabalho necessário (que produz valor na medida da remuneração salarial) e o trabalho excedente (que produz valor a ser apropriado pelos donos do meio de produção), ou seja, significa a taxa de exploração. A mais-valia, na manifestação da dinâmica capitalista, vai aparecer como lucro, embora parte dela irá remunerar o investimento e a depreciação do capital.

uma das esferas. O importante a ser considerado nesse debate sobre imperialismo é que a mais-valia criada no processo social global de produção não será distribuída igualmente entre os capitalistas, uma vez que irá variar de acordo com o capital social de cada um deles e com o grau de aumento desse capital. E é isso que determina, para Marx, que as indústrias que detêm maior composição orgânica do capital[3] – ou seja, as mais produtivas – apropriem-se de mais valor social.

Embora as mercadorias tenham valor, elas são vendidas no mercado pelos seus preços de produção, que é o preço de custo[4] acrescido da mais-valia (ou margem de lucro). Assim, nos capitais com menor composição orgânica do capital, o valor das mercadorias é menor que o preço de produção, transferindo valor para os capitais mais produtivos. Essa é a maneira como se distribui o lucro geral entre os capitalistas.

E o que tudo isso tem a ver com o imperialismo? No oitavo capítulo do livro III de *O Capital*, Marx identifica que a concorrência intercapitalista a que acabamos de fazer referência terá no mercado internacional um *locus* prioritário de desenvolvimento. Ele afirma, com base nesses elementos, que no mercado mundial o trabalho mais avançado recebe uma remuneração superior ao mais atrasado, e isso reforça a supremacia justamente das economias que operam com técnicas mais avançadas ou com maior capital. Então, repousa em Marx a análise de elementos que serão resgatados para uma identificação empírica de como opera o principal

---

3   A composição orgânica do capital é o resultado da relação de proporcionalidade existente entre o capital constante e o capital variável. Ela será mais elevada se maior for a parcela de capital constante em relação ao capital variável empregado.

4   Esse tema será mais desenvolvido na seção "Cadeias Globais de Valor, Superexploração e transferência de valor".

mecanismo econômico do imperialismo, a transferência de valor. Mais adiante, veremos como esse raciocínio é crucial para a questão do imperialismo.

Antecedentes da tormenta

Segundo Eric Hobsbawm, a característica mais importante do século XIX foi a edificação do que podemos chamar de uma economia mundial, com as características que conhecemos atualmente, marcada por uma forma de organização global em que o capitalismo já aparece como modo de produção com tendências avançadas para a hegemonia global, desenvolvendo um sistema de comércio que tende a derrubar as barreiras do globo.

Antes da Revolução Industrial Inglesa, marco do fim da lenta e longa transição entre o modo de produção feudal e o modo de produção capitalista em bases plenas – ou seja, não mais dominado pela figura do capital comercial, mas sim pelo capital produtivo –, a estrutura de dominação global já existia, mas desenvolvia-se em bases distintas daquelas que darão origem ao imperialismo e à sua outra face, a dependência.

A aceleração da produção e da geração de excedentes leva à criação de redes mais densas de transações econômicas que envolvem uma movimentação cada vez maior no mercado de dinheiro e na exportação de mercadorias, coroada por um rápido avanço na rede de comunicações, fenômeno já identificado por Marx e Engels. Tudo isso vai aos poucos constituindo as condições objetivas para o advento de um comércio mundial de mercadorias e capitais, base para o florescimento do imperialismo.

A formação de uma economia global pode ser observada por diversos ângulos de análise, sendo o principal deles relativo ao volume de mercadorias comercializadas internacionalmente (GOUVÊA, 2012). Com o capitalismo desenvolvendo-se sem limites, a livre concorrência foi cedendo espaço a um processo de concentração – que diz respeito ao crescimento do capital social gerado pelo agrupamento de muitos capitais individuais – e de centralização de capitais – que é como Marx identificou a tendência ao monopólio, através do que denominou como "expropriação do capitalista pelo próprio capitalista", que suprime a autonomia individual no mercado de capitais ao deixá-lo sob controle de poucos e grandes grupos detentores de capitais maiores e mais concentrados.

Segundo Lenin, a "propriedade privada baseada no trabalho do pequeno patrão, a livre concorrência, a democracia, todas essas palavras de ordem por meio das quais os capitalistas e sua imprensa enganam os operários e os camponeses, pertencem a um passado distante" (LENIN, 2012, p. 27). O capitalismo no final do século XIX, após a grande depressão, foi marcado, definitivamente, pelo avanço para um novo estágio de acumulação, já em formação, mas que encontrou na crise a oportunidade para florescer.

Como Marx identificava, as crises econômicas funcionais e próprias do capitalismo possibilitam o avanço para um novo patamar de lucros e acumulação devido à desorganização momentânea que causam no tecido social e econômico. Lenin sustenta a mesma premissa ao afirmar que "as crises [...] aumentam, por sua vez, em proporções enormes, a tendência à concentração e ao monopólio" (LENIN, 2012, p. 52).

Para Lenin, a partir da crítica à economia política inaugurada por Marx, fica patente a ilusão da economia clássica ao supor que a livre concorrência seria uma das "leis naturais" do capitalismo. De acordo com o revolucionário russo, "o surgimento do monopólio devido à concentração da produção é uma lei geral e fundamental do atual estágio de desenvolvimento do capitalismo" (LENIN, 2012, p. 42), tal como percebido por Marx.

Ou seja, o que marca os "antecedentes da tormenta", o momento em que o capitalismo se transforma, efetivamente, em imperialismo é, do ponto de vista econômico, uma grande crise que cria condições (pela natureza das crises, que afetam empresas menores mais intensamente) para o avanço acelerado daquilo que, até então, era apenas uma tendência. Lenin faz o resumo da época dos monopólios, elencando os seguintes pontos:

a) de 1860 a 1870: embora o modelo monopolista já se encontrasse em gestação, ele considera esse o período do ápice do desenvolvimento da livre concorrência;
b) depois da crise de 1873: período de desenvolvimento dos cartéis, ainda não inteiramente sólidos, mas já sinalizando que não seriam passageiros;
c) entre o fim do século XIX e a crise de 1900-1903: período em que os cartéis passaram a ser a base de toda a vida econômica.

Ainda segundo Lenin, a consolidação dos monopólios leva não somente a um tipo novo de capital e à fração de classe a ele associada, mas ao surgimento de uma nova política colonial, um tipo de colonialismo caracterizado por uma nova rodada de partilha do mundo. "É indubitável, por conseguinte, que a passagem a seu estágio monopolista, ao capital financeiro, se encontra relacionada com o acirramento da partilha do mundo" (LENIN, 2012, p. 111).

Hobson já destacava que o período de 1884 a 1900 foi de extrema importância para a expansão dos Estados europeus. Ao fim do século XIX, todos os Estados capitalistas estavam vinculados ao desafio de adquirir colônias. A mudança de perspectiva repousava no sucesso econômico dos países capitalistas ao avançar sobre novas áreas de influência. No entanto, a justificativa dada para esses avanços colonialistas era a de uma nova política colonial, não mais aquela dos anos pré-capitalistas, das relações metrópole-colônia, do trabalho escravizado e de tudo mais que cheirasse à acumulação primitiva de capitais; a nova justificativa era levar o "progresso". Através da exportação de capitais, os países centrais livrariam as nações periféricas do jugo da pobreza e da privação material em razão da "falta" de capitalismo.

A necessidade de elevar a produtividade e, portanto, aumentar a composição orgânica do capital, exigiu do conglomerado de grandes empresas em meio à disputa capitalista um novo padrão de financiamento da atividade produtiva, incompatível com o existente até então. É possível imaginar o custo de uma grande máquina da indústria de transformação, capaz de otimizar o tempo de trabalho e produzir mais mercadorias? O montante para a aquisição desse equipamento certamente não poderia vir dos lucros retidos por essa empresa, nem mesmo pelo capital de giro, por maior que fosse.

Além disso, mesmo sendo essa a forma principal de financiamento do que conhecemos por reprodução ampliada do capital[5], o tempo para essa operacionalização (produzir, colocar no mercado, esperar a venda, receber e só depois

---

5   A reprodução ampliada do capital ocorre quando parte da mais-valia é retida e não utilizada no consumo do capitalista, mas reinvestida para ampliar a estrutura produtiva.

ter capital monetário para reinvestir) não possibilitaria o padrão acelerado necessário para a dinamização desse processo, que já não envolveria unicamente empresas e ramos distintos, mas sim nações distintas competindo no mercado internacional. A solução para isso, evidentemente, é o crédito. A partir dessa necessidade de financiamento de grandes investimentos surge a concentração monopolística de outro setor importante – o setor bancário – e cria-se um novo tipo de capital denominado capital financeiro.

A exportação de capitais nesse processo cumpre uma outra função: os lucros gerados serão drenados e reinvestidos nas grandes empresas dos países centrais, aumentando o montante disponível para novos investimentos e reduzindo o tempo de rotação do capital.

Em síntese, as últimas décadas do século XIX trouxeram mudanças substanciais nas relações políticas e econômicas que serviram de palco para o desdobramento do capitalismo imperialista e o estabelecimento de um novo patamar na luta de classes. Entre essas transformações, destacam-se a constituição dos grandes monopólios – industrial e bancário –, a suplantação do período denominado de livre concorrência e o surgimento de um tipo novo de capital, o capital financeiro. É válido mencionar também o aumento da importância do capital fictício, a corrida em busca de novas políticas coloniais (e as lutas de caráter anticolonial, especialmente nas Américas), o militarismo e uma acirrada disputa entre as potências imperialistas que levará à Primeira Guerra Mundial (GOUVÊA, 2012).

Hobson e o imperialismo como patologia social

O uso e a referência à expressão imperialismo surgem muito antes de ela ser objeto de discussões teóricas exaustivas. Segundo Hobsbawm (2009), no entanto, é com a obra de John Hobson, *Imperialismo, um estudo*, que o termo passa a ter conotação negativa. Embora não fosse considerado marxista ou socialista, Hobson foi o responsável pelo acesso do movimento operário e da intelectualidade da época ao primeiro estudo crítico bem fundamentado sobre o imperialismo e seus principais fundamentos. Até teóricos marxistas, como Hilferding, saudaram o escrito de Hobson como uma importante contribuição ao movimento operário, sugerindo que o autor talvez esboçasse uma espécie de continuidade do inconcluso *O Capital*. Lenin é outro teórico que, a despeito de um conjunto de críticas, elogia a obra, considerando-a uma "abertura" ao tema do imperialismo.

Herdeiro confesso ou não, Hobson parte de alguns elementos expostos no livro III de *O Capital*, publicado em 1894, anos antes de lançar seu texto seminal. Essa afirmação apoia-se no fato de que o autor fundamenta a base econômica do imperialismo justamente no processo de avanço da concentração e da centralização do capital, fenômeno bastante referenciado na obra de Marx.

Hobson aponta que no final do século XIX há um movimento de concentração dos capitais comercial, industrial e bancário que acelera o processo de fusões e aquisições na atividade produtiva, possibilitando o desenvolvimento de uma grande poupança privada, concentrada nas mãos do que ele denomina de "capitães da indústria". Ocorre que, por mais extravagante que fosse o consumo dessas elites, o excedente comercial obtido não se esgotava no mercado interno. O excesso de capitais somado à sede incessante de aumento do lucro privado levou esses capitães da indústria a procurar novos espaços de acumulação e a encontrar nas áreas externas seu *locus* principal de valorização.

Além de não poder ser esgotado como consumo de luxo, esse capital sobreacumulado não poderia ser reinvestido na economia nacional por um problema que hoje na literatura econômica chamamos de demanda efetiva, mas que Hobson descreve como tendência ao subconsumo. Ou seja, a desigualdade de renda, que se acentuava com a concentração industrial, impedia que trabalhadores consumissem mercadorias mesmo que elas fossem produzidas em sua região, tendo em vista sua baixa disponibilidade de renda. Por isso, transpor fronteiras nacionais para uma nova política colonial era a única opção caso não houvesse o que ele denominava de "avanço na democracia econômica", redução da desigualdade interna e uma maior coordenação do capital pelo Estado Nacional.

Assim, a base econômica do imperialismo repousava na expansão da poupança interna e em sua drenagem para os mercados externos, que viravam uma espécie de apêndice do mercado nacional. O Estado oferecia melhores condições a esse processo à medida que os capitães da indústria e a elite financeira capturavam o Estado Nacional e impunham seus próprios interesses mediante uma política protecionista trustificada.[6] Ainda em análise embrionária, Hobson já descrevia o papel desempenhado pelo crédito bancário e por aquilo que depois seria chamado de capital financeiro nesse processo de fusão.

---

6   O termo *trust* define a situação em que várias empresas que fabricam os mesmos produtos se unem para atuar como uma só empresa. Conforme N. Bukharin, a trustificação é uma forma diferente de concentração dos capitais.

Embora Hobson tratasse da concentração da atividade produtiva e financeira, o imperialismo vai se manifestar também através de uma nova política colonial (que o autor julga como um "mau colonialismo"). Ao necessitar recorrer à força para se impor, o mau colonialismo se distinguiria do colonialismo bom e aceitável. Em sua opinião, o colonialismo no bom sentido seria um desdobramento natural da nacionalidade e demonstraria a capacidade de "transposição dos valores da civilização colonizadora para o novo ambiente natural e social" (CORRÊA, 2012, p. 67), podendo se dar inclusive com a imigração de parcela significativa do povo de um país para sua colônia.

É nesse sentido que, para Hobson, o imperialismo era uma "patologia social", um mau colonialismo que, para favorecer as classes dirigentes (especialmente a fração de classe dos financistas que se beneficiava dos retornos financeiros da exportação dos capitais da atividade industrial), penalizava o conjunto da sociedade, impondo-lhe o peso econômico de arcar com a política protecionista e seus enormes gastos públicos que eram apropriados privadamente. Para o autor, a solução passava pelo fortalecimento da democracia política, diminuindo o poder de pressão que as frações imperialistas da classe dominante utilizam para dominar o Estado Nacional em proveito próprio. Além disso, no campo da democracia econômica, seria possível avançar em uma política de maior distribuição de renda, o que possibilitaria conter a tendência subconsumista e reduzir a necessidade econômica de realizar o valor fora das fronteiras nacionais.

Hilferding e *O capital financeiro*

Entre os autores que discutem o imperialismo dentro do escopo marxista, Rudolf Hilferding foi quem mais sofreu influência de Hobson. Hilferding é considerado o primeiro autor a teorizar sobre o imperialismo, já imerso não somente no marxismo como corrente teórica, mas sobretudo na luta política que ocorria na Segunda Internacional Socialista naquele momento. Hilferding era militante do Partido Social-Democrata alemão[7] e exercia importantes tarefas de formação política como quadro da Escola Central do partido, sendo posteriormente substituído por Rosa Luxemburgo.

Segundo Fernandes (2021), a obra de Hilferding, *O capital financeiro*, além de conter um nível de abstração e desenvolvimento teórico bastante sofisticado, aborda questões fundamentais do alvorecer do século xx em termos políticos e econômicos. Entretanto, o autor apresenta limites próprios da posição política adotada por ele, associada à corrente hegemônica na Segunda Internacional. Um desses claros limites, apontados por Lenin e por Bukharin, foi o de sugerir que a dominação dos bancos frente ao capital industrial e o processo de oligopolização levariam à redução da concorrência intercapitalista, tendo como consequência a possibilidade de surgimento de um capitalismo "organizado".

A principal contribuição do autor para o tema imperialismo é, sem dúvida, sua tentativa inicial de conceituar o

---

7 Até o rompimento da Segunda Internacional Socialista, com a eclosão da Primeira Guerra Mundial e a traição das principais lideranças parlamentares desses partidos, o que hoje se conhece como socialistas ou comunistas estavam abrigados nos partidos social-democratas. Por isso, até o fim deste capítulo, quando fazemos referência a eles, estamos tratando dos debates no seio do movimento comunista internacional.

fenômeno do aparecimento do capital financeiro no interior do movimento de monopolização do capitalismo, depois melhor desenvolvido por Lenin. Em linhas gerais, para Hilferding, o capital financeiro vai representar a junção entre dois capitais que outrora estavam separados – o capital bancário e o capital industrial – em uma nova forma de capital dirigida por uma nova fração de classe que reúne os senhores da indústria e dos grandes bancos e se caracteriza por deter o poder das "altas finanças".

O autor parte dos traços mais gerais do capitalismo já desenvolvidos por Marx, especialmente da tendência progressiva à concentração e à centralização do capital, e identifica o movimento rumo à monopolização podendo se desenvolver e dispor da existência da união de capitais – o capital financeiro – que coloca por terra o capitalismo da livre concorrência e inaugura o desenvolvimento das grandes associações de caráter monopolista. Assim nascia a fase monopolista do capitalismo, na qual o capital financeiro seria a matriz por excelência da política que representa essa nova era: a política imperialista. É importante notar que, como Hobson, Hilferding partiu do entendimento de que o imperialismo era uma política específica, diferentemente do que Rosa Luxemburgo e Lenin conceituaram.

Ainda sobre as características do capital financeiro, Hilferding afirma que, sob sua hegemonia, "uma parte cada vez maior do capital industrial não pertence aos industriais que o utilizam. Podem dispor do capital unicamente por intermédio do banco, que representa, para eles, o proprietário desse capital. Por outro lado, o banco também se vê obrigado a fixar na indústria uma parte cada vez maior do seu capital. Graças a isso, converte-se em proporções crescentes, em capitalista industrial. Este capital bancário, [...] que por esse processo se transforma de fato em capital industrial, é aquilo a que chama de capital financeiro. Capital financeiro é o capital que os bancos dispõem e que os industriais utilizam" (HILFERDING apud LENIN, 2012, p. 75). Ou seja, o capital financeiro não é somente a união, mas sim a subordinação dos industriais à disponibilidade de capital monetário pelo setor bancário. O controle do sistema bancário ainda é reforçado pela participação direta de representantes dos bancos nos conselhos de administração e até mesmo no comando de empresas produtivas.

A partir disso, Hilferding identifica elementos importantes que são consequências do papel concentrador e centralizador dessa nova fase do capitalismo e do capital financeiro. Uma delas diz respeito às implicações que o autor afirma existirem na produtividade e na concorrência, tendo em vista a concentração exacerbada das unidades produtivas. Hilferding aponta para um fenômeno, depois estudado por Lenin, relativo ao surgimento das sociedades anônimas e às consequências da dissociação entre propriedade e comando do capital, que faz surgir uma nova camada da classe dominante que Lenin identificará como "rentista".

Como autor marxista, não fugiu a Hilferding o movimento das contradições. Para ele, o aumento do lucro – como consequência da produção monopolizada – não impediria os capitalistas de seguirem ampliando a composição orgânica do capital em busca do aumento da escala de produção para o barateamento das mercadorias e apropriação de maior parcela de mais-valia. Para superar essa contradição, após a saturação do mercado doméstico, a exportação de mercadorias passa a ser o caminho por excelência. O protecionismo, porém, acabava sendo um obstáculo, já que todas as nações imperialistas protegiam seus mercados. A solução, portanto, seria a exportação de capital, a "exportação de valor destinado a gerar mais valor" (HILFERDING, 1902).

Assim, a mesma política protecionista dos Estados nacionais que garante a maximização do lucro interno, inibe e, dialeticamente, fomenta o potencial para o salto na exportação de capitais em relação à tradicional exportação de mercadorias, certo que essa exportação de capitais se direciona para países em que as relações de produção não estão configuradas como capitalistas ou ainda estão se consolidando nesse sentido.

O mesmo protecionismo, dessa forma, proporcionou a internacionalização do capital – ao exportar capital para países que utilizam tarifas protecionistas – e a difusão do modo de produção capitalista – ao exportar o próprio capitalismo por meio de seus empreendimentos produtivos. Segundo as palavras de Hilferding, "a exportação de capital, poderosamente estimulada de outro modo pelo protecionismo do próprio país, é fomentada igualmente pelo país estrangeiro e, ao mesmo tempo, contribui para a difusão do capitalismo em escala mundial e para a internacionalização do capital" (HILFERDING, 1985, p. 259).

Por fim, o autor tece um conjunto de considerações sobre a relação entre a exportação de capitais e uma das políticas fundamentais do imperialismo na época – a nova política colonial. Uma vez que a exportação de capitais tem como objetivo a aceleração e a maximização da taxa de lucro dos donos do capital e do seu respectivo país de origem, e tratando-se de economias em transição para o capitalismo, o resultado é que entram em choque os níveis de desenvolvimento produtivo e as formas distintas de legislação que, frequentemente, apresentam-se como obstáculos às metas imperialistas. É nesse contexto que Hilferding menciona a violência com que o imperialismo e o capital financeiro avançam em direção à legislação e à organização social das nações receptoras desse capital, apontando elementos contraditórios desse processo que serão analisados em seguida.

Embora louvada por ter dado um passo importante no campo dos estudos marxistas, a obra de Hilferding recebeu de Lenin (2012) um conjunto de críticas relacionadas a elementos que teriam sido negligenciados ou, ao menos, secundarizados: a) a partilha do mundo empreendida pelos grandes trustes internacionais; b) a relação siamesa entre o despontar do capital financeiro e uma nova fração de classe com características parasitárias; c) os nexos entre o desenvolvimento do imperialismo e a formação de uma oligarquia operária nos países periféricos explorados pelas burguesias imperialistas.

Bukharin: economia mundial e imperialismo

Nikolai Bukharin é um autor pouco lembrado no debate clássico do imperialismo, mesmo entre marxistas. No entanto, sua contribuição é essencial não apenas no campo da teoria, mas sobretudo por seu papel como dirigente político na corrente bolchevique do Partido Social-Democrata Russo, com destaque para a promissora interlocução com Lenin e Rosa Luxemburgo.

Bukharin escreveu O *imperialismo e a economia mundial*, em 1915, com prefácio do próprio Lenin. Partindo de uma análise empírica e com robusto arsenal teórico, o autor avalia não ser possível tecer considerações sobre o desenvolvimento econômico tendo como base a ideia de nações fechadas em seu próprio território. Bukharin foi um dos primeiros teóricos desse período a defender a necessidade de, ao abordar o imperialismo, partir da totalidade – da análise global da economia mundial –, e não de situações particulares ou de outros elementos que formam o conjunto posto à apreciação.

Para Bukharin, o grau de desenvolvimento do capitalismo e de suas forças produtivas era uma novidade naquele período histórico. Segundo ele, as burguesias dos países mais desenvolvidos, descritas como o centro, em conluio com o Estado capitalista, criam e reforçam a tendência de transformar a economia nacional (e, logo, a economia global) em uma grande empresa em que os interesses privados têm primazia. Pela tendência à concentração, à centralização do capital e à formação de grandes trustes, essas empresas, que até então atuavam no mercado nacional, passaram a expandir seus negócios na disputa por zonas externas. Para tanto, um processo de conquista, baseado na força militar, definiria o imperialismo não apenas como um fenômeno de expansão geográfica, mas como algo inserido nessa lógica já especificamente capitalista.

O conjunto das contradições inerentes à concorrência no território nacional estende-se para outros países e dá corpo ao fenômeno do imperialismo que, dessa forma, "representa uma categoria especificamente histórica" (BUKHARIN, 1988, p. 107). Bukharin, portanto, trata o imperialismo como uma política própria do capital financeiro que só aparece em determinando momento de desenvolvimento do capitalismo. Quando as forças produtivas atingem um nível elevado de concentração e centralização com a taxa de lucro tendendo a se estabilizar, os países centrais são obrigados a recorrer à exportação de capitais para países com menor composição orgânica do capital com o objetivo de apropriar, momentaneamente, uma mais-valia extraordinária.

Contrapondo-se a Hobson, Bukharin diferencia o imperialismo das políticas de expansão territorial, baseadas em conquistas nos moldes do velho colonialismo. Para ele, ainda que o imperialismo seja uma política de conquista, seria importante reconhecer que nem toda política de conquista vincula-se ao imperialismo. Sendo um fenômeno datado historicamente, inscreve-se como uma face do capitalismo ao adquirir bases avançadas de desenvolvimento produtivo e centralização. Assim como Hilferding, Bukharin afirma ser necessária a concentração de capital monetário nas mãos dos bancos, que os disponibilizam aos grandes trustes industriais, conformando a hegemonia do capital financeiro para que ocorra essa centralização. Nas palavras do autor: "por trás destes cartéis e trustes estão, geralmente, as empresas que os financiam, bancos principalmente" (BUKHARIN, 1988, p. 51).

A política imperialista é uma política de expressão de um dado nível de concentração que tem na concorrência intercapitalista hegemonizada pelo capital financeiro sua face fundamental: "ora, essa política do capital financeiro é o imperialismo" (BUKHARIN, 1988, p. 98). "A sequência lógica então da formação do imperialismo é: o desenvolvimento das forças produtivas estimula a luta pela concorrência, que implica na maior centralização do capital. Este, por sua vez, determina o desenvolvimento do capital financeiro, que culmina no imperialismo" (LEITE, 2010, p. 41).

Contrariamente a Hilferding e a Kautsky, Bukharin defende a tese de que o capitalismo em bases monopolizadas amplia a concorrência, a despeito de dificultar o seu livre desenvolvimento nos territórios nacionais e elevar a concorrência imperialista ao paroxismo, inclusive lançando mão de conflitos de caráter militar. Para o autor, o capital financeiro não tem outra opção, na dinâmica da concorrência, a não ser a recorrência à política imperialista: é essa a forma de disputa quando o capitalismo opera em bases de reprodução ampliada e coordenada por grandes trustes. Nos limites das economias nacionais, a concorrência é reduzida ao mínimo para, fora desses limites, crescer em proporções fantásticas, desconhecidas em épocas históricas anteriores. A concorrência entre as economias nacionais – isto é, entre suas classes dominantes – já existia antes, sem dúvida. Tinha, entretanto, caráter inteiramente diverso, visto que a estrutura interna das economias nacionais era bem diferente (BUKHARIN apud FERNANDES, 2021).

Dessa forma, o nível de concorrência no capitalismo monopolista exige uma política de anexação de caráter imperialista. Essa tendência à centralização e anexação ocorre, segundo o autor, em dois níveis. O primeiro deles diz respeito à incorporação e absorção de unidades econômicas similares, o que seria uma centralização de natureza horizontal. Num segundo nível, acontece de modo verticalizado, quando uma grande unidade capitalista fagocita outra que pertence a um ramo distinto da atividade econômica. Verifica-se o mesmo entre nações; Bukharin observa que a conquista da Bélgica pela Alemanha, por exemplo, representa um caso de anexação imperialista de natureza horizontal, enquanto a conquista do Egito pela Inglaterra caberia como exemplo de anexação imperialista em uma dimensão vertical.

Bukharin também apresenta um diagnóstico que estrutura a concepção de imperialismo presente em Kaustky no que diz respeito à desproporcionalidade existente entre agricultura e atividade industrial. Se para Kaustky esse fenômeno aparece apenas como desproporção corrigível, para Bukharin o fenômeno repousa mais profundamente na natureza da atividade capitalista, na qual o capital seria um valor que potencializa o processo permanente de expansão, dando à produção capitalista um caráter anárquico e sujeito a crises, em especial ligadas à sobreacumulação.

O ritmo de desenvolvimento acelerado da atividade industrial, que propicia o aumento da composição orgânica do capital, pode levar a constantes gargalos na estrutura de oferta de produtos primários. Bukharin aponta que essa desproporção entre setores fez com que parte expressiva da exportação de capitais para a periferia fosse uma fonte de extração de produtos primários, uma vez que os investimentos de capital se concentravam, basicamente, em atividades de extração mineral. Por isso, "a exportação de capital adquiriu uma importância que jamais teve" (BUKHARIN, 1988, p. 88), sendo que, "em outros tempos, o centro de gravidade situava-se na exportação mercantil" (BUKHARIN, 1988, p. 92).

Segundo a síntese feita por Leonardo de Magalhães Leite (2010), Bukharin teria percebido que a exportação de capitais do centro à periferia poderia fluir de cinco maneiras diferentes: a) através de empréstimos públicos; b) pelo sistema de participação, que se dá quando o capitalista de um país passa a ser proprietário de ações ou obrigações em outro país; c) pelo financiamento de empresas; d) pela abertura de créditos concedidos por bancos centrais a bancos de outros países; e) pela especulação, que ocorre com a compra de ações estrangeiras com o objetivo de revenda (BUKHARIN, 1988, pp. 37-38).

Bukharin afirma que "por diferentes canais, os capitais de uma esfera nacional transbordam para outras dimensões, cresce a interpenetração dos capitais nacionais, internacionaliza-se o capital". Novamente, seguindo a análise de Hilferding (1985), Bukharin argumenta que quanto maior a diferença nas taxas de lucro e de juros, maior o movimento de capitais. O fluxo, naturalmente, vai dos países mais avançados em direção aos mais atrasados, pois "quanto mais desenvolvido é um país, tanto mais baixa é ali a taxa de lucro, da mesma forma que é mais intensa a reprodução do capital e mais violento o processo de eliminação" (BUKHARIN, 1988, p. 41).

Um último elemento, de caráter econômico, refere-se ao processo das transferências desiguais de valor e o aumento da taxa de lucro nos países centrais, tendo em vista a disponibilidade de maior extração de mais-valia em países periféricos. Segundo Marx, as periferias do mundo – em sua análise sobre os determinantes e as possibilidades de impedir a tendência à queda da taxa de lucro – ofereceriam um lucro suplementar aos capitais do centro, além de condições de barateamento do capital constante e variável em razão da redução do valor das matérias-primas, da taxa de salário e da diminuição dos bens-salários, à medida que os produtos alimentares fossem menos escassos.

Dada a menor composição orgânica de seus capitais, os países menores tendem a apresentar lucros menores, embora aumentem as taxas de exploração. Do ponto de vista da transformação dos valores em preço de produção, a dinâmica imperialista permitiria que os países centrais vendessem suas mercadorias para os periféricos a um preço maior (mesmo que inferior ao praticado nos seus países de origem); por outro lado, possibilitaria que esses capitalistas ainda se beneficiassem de uma fonte de mais-valia adicional e da existência de locais para aplicação daquele capital sobreacumulado que – dada a baixa composição do capital – precisa de bastante espaço para se desenvolver. Essa lógica imperialista contribuiria para impedir a queda na taxa de lucro, determinada não mais pelas condições particulares de produção e produtividade do trabalho, mas sim pelas condições gerais de produção e produtividade determinadas pelo mercado mundial (PEREIRA, 2019).

Kautsky: ultraimperialismo e paz na guerra

Nesse debate, Kautsky é uma figura emblemática por ter sido um dos principais expoentes das disputas teóricas e políticas que deram fim à Segunda Internacional como espaço privilegiado de agrupamento dos comunistas em nível global. Apesar de estar entre os teóricos que condenaram os intentos bélicos antes da Primeira Guerra Mundial por seu caráter de disputa interimperialista, Kautsky expressou uma opinião divergente em 1914 não apenas a respeito das causas que levaram ao imperialismo, mas sobretudo em relação às consequências desse fenômeno na organização do capitalismo e no processo da luta classes.

Embora mencione o processo de monopolização da economia global e o expressivo crescimento das atividades industriais coordenadas pelos grandes trustes internacionais, Kautsky centrou sua análise do imperialismo mais nas desproporções setoriais do que no grau de monopólio. Podemos resumir suas ideias da seguinte forma: com o aumento da atividade industrial e da composição orgânica do capital nas grandes unidades produtivas, haveria cada vez mais trabalhadores empregados, embora relativamente fosse cada vez maior o número de máquinas e matérias-primas utilizadas no processo produtivo. Por outro lado, na agricultura grassariam os "rendimentos decrescentes"[8] ou, pelo menos, o produto da agricultura cresceria em menor velocidade, acarretando dois gargalos importantes: crises de escassez de matéria-prima ou de superprodução.

O imperialismo, dessa forma, seria a política correspondente ao capitalismo no estágio de concentração monopolista – e, principalmente, no estágio de crescimento desproporcional da atividade industrial, sendo necessário avançar para outras áreas do globo, especialmente para as nações agrárias, a fim de evitar não apenas a escassez de matéria-prima como as eventuais crises de superprodução do mercado consumidor. Nas palavras do autor, "a crescente habilidade da indústria capitalista de se expandir constantemente aumenta a pressão para estender a zona agrícola, que provê à indústria não apenas alimentos e materiais brutos, mas também consumidores" (KAUTSKY apud GOUVÊA, 2012, p. 46).

Para o autor, crises de desproporção entre os produtos da agricultura e da indústria já haviam ocorrido em outras fases de desenvolvimento do capitalismo. Naquela conhecida como mercantil simples o meio para reparar a desproporção encontrou na política colonial uma forma de correção. O período do livre mercado, hegemonizado pela Inglaterra, corrigia os desequilíbrios recorrendo a formas puramente pré-capitalistas de extorsão das colônias, tais como saques e pilhagens típicas de um período de acumulação originária.

---

8 Nos processos produtivos, se aumentada a quantidade de um bem e a quantidade dos outros permanecer constante, a produção total por bem cairá (isso, porém, não significa que a produção total cairá).

Enquanto o liberalismo característico da estrutura de livre mercado significou a expressão da política colonial em um período do capitalismo em que ainda prevalecia a livre concorrência, o imperialismo seria a política da nova era do capitalismo monopolista, tendo por base não o nível de concorrência e centralização, mas sim as desproporções no nível setorial. E é sob essa perspectiva que a própria guerra estaria relacionada com a política, pois, ao contrário do período anterior, de decadência dos antigos impérios e de hegemonia inglesa, esse era um tempo de maior concorrência não somente entre empresas, mas entre Estados nacionais.

Para Kautsky, quanto maior fosse o nível de concorrência interestatal pelas zonas agrárias do planeta, mais se acirrariam as animosidades e maior seria a tendência a um conflito de dimensões mundiais. Lenin, no entanto, discordava da tese de que a guerra deveria ser compreendida apenas como expansão das potências industriais, enxergando-a como decorrência do próprio imperialismo e da disputa interimperialista a ele associada.

Além disso, Lenin aponta outras duas críticas fundamentais a Kautsky: a primeira sugere que a violência e a espoliação que acompanharam e motivaram a política colonial imperialista referiam-se ao monopólio e não à desproporção setorial; a segunda, fortemente relacionada à primeira, diz respeito a Kautsky creditar ao capital industrial a principal razão do imperialismo, em vez de atribuí-la ao capital financeiro. Lenin tece outras críticas a Kautsky que repousam menos na acepção teórica e mais em suas consequências políticas e na tática adotada pelo grupo majoritário no Partido Social-Democrata alemão frente à Primeira Guerra Mundial e à questão colonial e nacional.

Rosa Luxemburgo e o problema da realização do valor

Rosa Luxemburgo, expoente desse debate, traz uma contribuição bastante original sobre o fenômeno do imperialismo e as contradições próprias do modo de produção capitalista. Embora profunda conhecedora da obra de Marx e de sua teoria econômica, a autora não parte das tendências à concentração e à centralização do capital ou mesmo da monopolização do capital para explicar o imperialismo, embora não as negue. Luxemburgo fixa-se essencialmente no que está contido no livro II de *O Capital*, especialmente em relação às desproporções setoriais nas trocas departamentais.

É importante apontar Luxemburgo como participante ativa nas disputas políticas contra o revisionismo dos principais dirigentes da corrente política que hegemonizou a concepção teórica e tática da Segunda Internacional. Enquanto Bernstein e Kautsky sustentavam a necessidade de revisão crítica da obra de Marx, principalmente em relação ao diagnóstico das crises endógenas do capitalismo, Rosa Luxemburgo foi grande defensora do autor de *O Capital*.

Nesse período, pelas condições de acúmulo acelerado de capital e retomada do crescimento pós-crise das principais economias dos países centrais, houve simultaneamente um aumento real dos salários médios dos trabalhadores e uma redução do exército industrial de reserva. Isso atestava, para os revisionistas, a possibilidade de o capitalismo superar sua própria natureza e fazer emergir uma sociedade em que as condições para o progresso, com a redução das desigualdades e o avanço para um estado de abundância material da classe trabalhadora, não encontrassem mais obstáculos.

Luxemburgo defendia o marxismo e a ideia de que o capitalismo seguia sendo capitalismo, ainda que sua tendência à crise tenha sido contornada momentaneamente. Para ela, o que impedia a eclosão da crise de natureza subconsumista ou de superprodução era justamente um elemento que Marx não poderia ter previsto com exatidão, mas que, sob o imperialismo, ficava nítido: a possibilidade de contornar as crises pela expansão territorial, abrangendo a economia de áreas não capitalistas.

Portanto, Rosa Luxemburgo partiu da análise dos esquemas de reprodução elaborados por Marx, essencialmente no livro II de *O Capital*, para apontar que não há coincidência entre a produção e a realização do valor e que existiriam relações muito mais complexas na divisão departamental, impedindo que todo o valor criado pudesse ser realizado, uma vez que a capacidade de produção é ilimitada, mas a capacidade de consumo não. O equívoco de Marx, segundo a autora, repousaria na pouca importância dada ao mercado internacional, supondo que o desenvolvimento capitalista ocorreria nos limites de uma única nação.

Nas palavras de Luxemburgo, "o esquema marxista de reprodução ampliada não corresponde às condições de acumulação, enquanto ela progride: não é possível mantê-las dentro do quadro estrito das relações e dependências recíprocas e fixas que existem entre os dois grandes departamentos da produção social. A acumulação não é simples relação interna entre dois ramos da produção capitalista, mas, sobretudo, uma relação entre o capital e o meio não capitalista" (LUXEMBURGO, 1985, p. 285).[9]

---

9   Cabem aqui duas ressalvas. Em primeiro lugar, a leitura da autora parece negligenciar o nível de abstração presente no livro II, que terá no

Seguindo o raciocínio de Rosa Luxemburgo, a grande questão que faz emergir o imperialismo repousa na forma de desenvolvimento da produção em bases ampliadas, que encontra obstáculo no problema da "realização". Para ela, os mercados internos, mesmo que tenham pouca relevância em termos de produção, são essenciais para a realização do valor. Sua sugestão é que a acumulação de capital, sob o sistema de acumulação ampliada – modelo por excelência do capitalismo, em contraposição ao que seria uma forma mercantil baseada na acumulação simples – só pode ocorrer se estiverem postas duas condições claras: a produção deve gerar mais-valia e essa mais-valia deve ser realizada com parte dela reinvestida no processo de produção.

Em relação à primeira condição, Luxemburgo pondera que para existir produção é necessário, além da força de trabalho, a existência de máquinas e matérias-primas. Quanto à segunda condição, de realização ou de venda dessas mercadorias produzidas, ela percebe que os mercados externos se tornaram fundamentais.

A reprodução ampliada exige mercados cada vez maiores e a limitação da capacidade de consumo nacional coloca

---

livro III um grau de determinação real, distinto, apresentando, sobretudo, a dimensão do próprio mercado mundial. Em segundo lugar, é questionável a suposição de que Marx teria defendido a possibilidade – ainda que formalmente – de equilíbrio nas condições de produção e consumo no nível dos departamentos. O que Marx faz é apresentar as condições, no campo da análise, para a existência de equilíbrio entre produção e consumo, o que é descartado pela própria natureza, inicialmente afirmada pelo autor, do caráter anárquico da produção. Portanto, não parece ser possível concluir que Marx avente a possibilidade de um desenvolvimento ilimitado do capitalismo com base no mercado interno. Inclusive, toda a obra marxiana aponta para outro sentido: o de negação dessa possibilidade.

obstáculos à acumulação em locais onde só há consumo de trabalhadores e de capitalistas. Portanto, a realização da mais-valia requer um círculo de compradores que, paradoxalmente, está fora das sociedades capitalistas. O imperialismo, para a autora, não é uma política, e sim uma fase, própria não do capitalismo monopolista, mas do capitalismo quando opera na sua forma de reprodução ampliada – ou seja, quando parte da mais-valia criada é "poupada" do consumo capitalista imediato e reinvestida para ampliar a produção, que no capitalismo não é um fim, apenas um meio. O fim é a mais-valia, é o capital que se valoriza.

Esses mercados "externos" podem, em determinadas circunstâncias, estar no próprio território nacional, levando em consideração setores atrasados que ainda contam com relações de produção pré-capitalistas. Nesse caso, mercados externos são sinônimos de tudo o que não é ainda propriamente capitalista. E é justamente aqui que repousa a dimensão colonial e a violência a ela associada. Para Luxemburgo, "outro aspecto da acumulação de capital é o que se verifica entre o capital e as formas de produção não capitalistas. Seu palco é o cenário mundial. Como métodos da política colonial reinam o sistema de empréstimos internacionais, a política das esferas de influência e as guerras. Aí a violência aberta, a fraude, a repressão e o saque aparecem sem disfarces, dificultando a descoberta, sob esse emaranhado de atos de violência e provas de força, do desenho das leis severas do processo econômico" (LUXEMBURGO, 1985, p. 309).

A introdução no circuito da produção capitalista de áreas do globo ainda não plenamente integradas a esse modo de produção foi justamente o que possibilitou o prosseguimento e o desenvolvimento da acumulação. A busca dessas áreas externas é, para a autora, uma condição permanente para o desenvolvimento e para a reprodução do capitalismo em bases globais ampliadas. Esse movimento leva ao militarismo, através do qual o capitalismo mantém um processo permanente de acumulação primitiva de capitais, que não se encerra para as formações capitalistas do centro, mas segue como necessidade para a sua reprodução em bases ampliadas.

Rosa Luxemburgo identifica o capitalismo como o primeiro modo de produção com tendências generalizantes, inclinado a derrubar qualquer barreira à sua consolidação global eliminando formas pré-capitalistas e levando as sociedades atrasadas a ingressar, desigualmente, no circuito comandado pelo capital. O capitalismo, dessa forma, não permite a coexistência com outros modos de produção. Paradoxalmente, o capitalismo é o único modo de produção que, para subsistir, necessita da conquista de áreas pré-capitalistas. Ou seja, à medida que cumpre seu objetivo de cooptar o mundo todo, tenderia a sucumbir por perder seu ponto de sustentação. Eis a mais profunda contradição do capitalismo identificada teoricamente pela autora.

Bukharin será um dos principais críticos da teoria de Luxemburgo e sua primeira consideração é que o militarismo da nova política colonial não é apenas uma busca por mercados externos para a realização da mais-valia. É importante ressaltar que, no período em que a militante comunista teorizou sobre o imperialismo, persistiam no interior das economias capitalistas inúmeras esferas das quais o capital ainda não havia se apropriado (CORRÊA, 2012), o que, para a autora, seriam zonas externas, mesmo dentro de economias mais desenvolvidas.

Bukharin faz outra ressalva importante à obra de Luxemburgo: a nova política de expansão colonial em bases militaristas e o avanço do capitalismo sob as sociedades não capitalistas significavam menos a necessidade de realização da mais-valia do que a busca por um lucro extraordinário.

Lenin: imperialismo como fase superior do capitalismo monopolista em decomposição

Vladimir Ilitch Ulianov Lenin é, sem dúvida, o principal autor que se debruça sobre o conceito de imperialismo no período denominado clássico e segue como a principal referência teórica para a maior parte dos autores marxistas que tratam do tema hoje. A despeito de ser um "panfleto", *Imperialismo: fase superior do capitalismo* é uma obra densa que maneja dados empíricos mesclados com sólida base teórica. A obra foi escrita em 1916 e publicada em 1917; portanto, apresenta reflexos do período da Primeira Guerra Mundial e da desagregação da Segunda Internacional Socialista, assim como retrata o pensamento do autor às portas da Revolução Russa.

Há duas questões de fundo que podem ter levado Lenin a escrever essa obra. A primeira seria a motivação de sistematizar ideias que lhe permitissem seguir disputando politicamente os rumos do movimento operário diante da crise instalada com a dissolução da Segunda Internacional. Embora a primeira edição tivesse sido escrita sob censura, fato mencionado no prefácio à edição alemã, Lenin não poupou esforços em apontar sua artilharia contra quem corporificava intentos reformistas, oportunistas e revisionistas no movimento operário. Uma dessas figuras é Kautsky, que no constructo teórico e no desdobramento tático jogava no campo adversário, contrariando e, por vezes, negando suas próprias posições iniciais formuladas no final do século XIX.

O segundo objetivo de Lenin foi compreender a nova forma adotada pelo capitalismo, então inserido em novo regime de acumulação iniciado com a grande crise de 1873. Aspectos políticos e econômicos precisavam ser entendidos com exatidão, sobretudo porque abriam um conjunto de possibilidades para a luta revolucionária.

Lenin, por sua capacidade de formulação ímpar e como principal dirigente da fração bolchevique do Partido Social-Democrata Russo, parte de autores precedentes e avança substancialmente no tema; destaca-se por realizar uma "articulação concreta da teoria econômica do imperialismo com todas as questões políticas do presente" (LUKÁCS, 2012, p. 61). Foi Lenin que compreendeu o imperialismo não como uma política – e, portanto, não como algo que pudesse ser suprimido ou mesmo combatido em meio à luta contra o capitalismo – mas sim como uma fase própria do capitalismo que se inicia quando esse modo de produção e exploração suplanta sua dimensão livre concorrencial e entra na fase dos monopólios. Como não é possível voltar a uma estrutura atomizada de livres produtores atuando independentemente em uma estrutura de livre mercado, o imperialismo passa a identificar-se com o capitalismo. Combater o imperialismo seria combater o capitalismo.

O dirigente russo aponta cinco elementos para caracterizar essa nova fase e, a partir da análise desses pontos, é possível ter uma compreensão mais minuciosa do que ele entende por imperialismo.

O primeiro seria que "a concentração da produção e do capital alcançou um grau tão elevado de desenvolvimento que criou os monopólios, os quais desempenham um papel decisivo na vida econômica" (LENIN, 2012, p. 124), explicitando o que ele denomina ser a base econômica mais profunda do imperialismo, o monopólio.

Lenin identifica, ainda, a grande crise do final do século XIX que impulsiona o processo de monopolização da economia: "o enorme aumento da indústria e o processo notavelmente rápido de concentração da produção em empresas cada vez maiores constituem uma das características mais significativas do capitalismo" (LENIN, 2012, p. 37). E "essa transformação da concorrência em monopólio constituiu um dos fenômenos mais importantes – para não dizer o mais importante – da economia do capitalismo moderno" (LENIN, 2012, p. 39).

Para o autor, "a concentração chegou a tal ponto que se pode fazer um inventário aproximado de todas as fontes de matérias-primas (por exemplo, jazidas de minério de ferro) de um país e, ainda como veremos, de países do mundo todo. Não só se faz realizar este inventário como associações monopolistas gigantescas se apoderam das referidas fontes" (LENIN, 2012, p. 47). Na esteira desse processo, Lenin afirma aquilo que já estava previsto na Lei Geral da Acumulação Capitalista de Marx: "a produção passa a ser social, mas a apropriação continua a ser privada" (LENIN, 2012, p. 48).

O segundo elemento para caracterizar o imperialismo é "a fusão do capital bancário com o capital industrial e a criação, baseada nesse capital financeiro, da oligarquia financeira" (LENIN, 2012, p. 124). Esse enunciado corresponde aos capítulos 2 ("Os bancos e seu novo papel") e 3 ("O capital financeiro e a oligarquia financeira") de seu texto. Lenin avalia que o capitalismo monopolista está assentado em um novo capital, o financeiro, resultado da uma junção entre o capital industrial e o capital bancário.

O autor indica que "três ou cinco bancos realizaram uma união pessoal do capital industrial e o bancário, criando uma oligarquia financeira que tece uma densa rede de relações de dependência entre todas as instituições econômicas e políticas da sociedade burguesa contemporânea sem exceção: tal é a manifestação mais evidente do monopólio" (LENIN, 2012, p. 166). Ele ainda afirma que com esse processo "simultaneamente desenvolve-se, por assim dizer, a união pessoal dos bancos com as maiores empresas industriais e comerciais, a fusão de uns com os outros mediante a aquisição das ações, a participação dos diretores dos bancos nos conselhos de supervisão (ou de administração) das empresas industriais e comerciais e vice-versa" (LENIN, 2012, p. 68).

Há, portanto, uma união de interesses, uma estreita relação entre a indústria e os bancos, e é nessa esfera que é evidente o chamado novo papel dos bancos. Para o autor, à medida que os bancos se desenvolvem junto à monopolização da economia, deixam de ser meros intermediários para tornarem-se concentradores monopolistas do capital monetário. Essa transformação de vários intermediários pequenos em um punhado de grandes monopolistas "constitui um dos processos fundamentais da transformação do capitalismo em imperialismo capitalista. [...] Os bancos, nessa época já bastante ligados à indústria, aceleram e aprofundam ao mais alto grau, durante a crise, a ruína das empresas relativamente pequenas e a sua absorção pelas grandes" (LENIN, 2012, pp. 55-99).

Lenin avalia minuciosamente o novo papel dos bancos quando sugere que, antes da monopolização, os bancos descontavam letras de câmbio de um empréstimo ou abriam contas correntes – ou seja, realizavam operações isoladas que não diminuíam a independência do empresário industrial frente ao detentor do capital monetário. Todavia, "se essas operações se tornam cada vez mais frequentes e mais sólidas, se o banco reúne em suas mãos capitais imensos, se as contas correntes de uma empresa permitem ao banco, e é assim que acontece, conhecer de modo cada vez mais pormenorizado e completo a situação econômica do seu cliente, o resultado é uma dependência cada vez mais completa do capitalista industrial em relação ao banco" (LENIN, 2012, p. 68).

Ou seja, ao movimentar as contas correntes de vários capitalistas, um punhado de monopolistas do sistema bancário subordina as operações comerciais e industriais de toda a sociedade, o que lhes permite impor suas condições, já que por meio das operações bancárias conhecem com exatidão a situação de todos os capitalistas, podendo exercer a sua influência mediante facilidades como a ampliação de crédito ou a imposição de sanções. Isso porque o interesse dos detentores do capital financeiro é permitir uma valorização rápida e em grandes proporções de seu dinheiro.

A fase do imperialismo, ou do domínio do capital financeiro, vem operar uma separação importante entre o controle e a propriedade do capital. Segundo Lenin, o "predomínio do capital financeiro sobre todas as demais formas de capital implica o predomínio do rentista e da oligarquia financeira; implica uma situação privilegiada de uns poucos Estados financeiramente poderosos em relação a todos os restantes" (LENIN, 2012, p. 89). Este tema será retomado quando Lenin apontar sobre o caráter parasitário da classe dos rentistas.

O terceiro elemento descrito pelo autor diz respeito à "exportação de capitais, que, diferentemente da exportação de mercadorias, adquire uma importância particularmente grande" (LENIN, 2012, p. 124). Para Lenin, o que era característico da forma anterior do capitalismo, na qual prevaleciam relações baseadas no livre mercado, era a exportação de mercadorias. No capitalismo monopolista, ao contrário, a característica central será a exportação de capitais. O que torna a exportação de capitais à periferia uma necessidade desse novo arranjo é o fato de a concentração e a centralização do capital ter amadurecido demasiadamente em alguns países e do capital – devido à insuficiência de desenvolvimento da agricultura e à miséria das massas – precisar de novos campos para assumir uma posição mais lucrativa.

Lenin concorda com Rosa Luxemburgo ao analisar a situação de penúria da classe trabalhadora dos países centrais, mas discorda quanto à necessidade de mercados externos para a realização do valor. Para ele, o capitalismo, por essência, não pode colocar o excedente produzido à disposição das massas trabalhadoras, buscando elevar seu nível material de vida, uma vez que isso significaria a redução do lucro dos capitalistas. Ou seja, o que leva ao intento de exportar capital é menos a tendência ao subconsumo interno e mais a natureza própria do capitalismo como sistema calcado na necessidade de aprofundar as desigualdades para manter a taxa de lucro elevada.

A exportação de capitais, para Lenin, estava mais em sintonia com o que apregoava Bukharin: a busca por um superlucro, já que em países periféricos "o lucro é em geral elevado, pois os capitais são escassos, o preço da terra e os salários, relativamente baixos, e as matérias-primas, baratas" (LENIN, 2012, p. 94). Lenin ainda reafirma que "o capital financeiro criou a época dos monopólios. E os monopólios trazem sempre consigo os princípios monopolistas: a utilização das 'relações' para transações proveitosas substituindo a concorrência no mercado aberto" (LENIN, 2012, p. 97).

Um elemento importante dessa análise é a consideração dialética que o autor faz sobre o fato de o imperialismo simultaneamente dominar e oferecer condições de libertação aos países receptores de capital exportado. Segundo Lenin, "a exportação de capitais influencia o desenvolvimento do capitalismo no interior dos países em que são investidos, acelerando-os extraordinariamente. Se, em consequência disso, a referida exportação pode, até certo ponto, ocasionar uma estagnação do desenvolvimento nos países exportadores, isso tem lugar em troca de um alargamento e de um aprofundamento maior do desenvolvimento do capitalismo em todo o mundo" (LENIN, 2012, p. 96). Ao contribuir com a dinâmica capitalista dessas nações, mesmo que inserindo-as em um processo de desenvolvimento desigual e combinado, o capitalismo cria condições para um conjunto de reivindicações de caráter desenvolvimentista anti-imperialista à medida que a classe trabalhadora desses países passa a ser forjada em bases menos precárias e mais industriais, o que permite que essa classe entre em contradição não somente com as burguesias nacionais, mas com o próprio imperialismo.

O quarto e o quinto elementos de análise podem ser vistos em conjunto devido à similaridade entre os temas: "a formação de associações internacionais monopolistas de capitalistas que partilham o mundo entre si" e "a conclusão da partilha territorial do mundo entre as potências capitalistas mais importantes" (LENIN, 2012, p. 124). Lenin avalia que as associações monopolistas – cartéis, sindicatos e trustes – em um primeiro momento, apoderaram-se da produção interna de seus países e, tão logo o mercado mundial se fortaleceu, passaram a exportar seu capital, criando esferas de influência que levaram à constituição de associações monopolistas de caráter internacional.

Na era do capital financeiro, portanto, os monopólios – não unicamente os privados, mas também os vinculados aos

Estados –, entrelaçaram-se, formando um todo, constituindo cada um deles um elo na luta imperialista pela partilha do mundo. Lenin faz a ressalva de que essa partilha não se resume a uma mentalidade perversa dos capitalistas. Ele não vincula isso a um julgamento moral, mas faz a análise sob a ótica do grau de concentração a que chegou o capitalismo e da obrigação que se impõe aos capitalistas de seguirem o caminho de dividir o mundo, o que envolve a conquista e, principalmente, o recurso ao uso da força sempre que necessário. Ainda segundo o autor, qualquer outro processo de partilha "é impossível no sistema de produção mercantil e no capitalismo" (LENIN, 2012, p. 108).

No sentido de conferir maior precisão a esse movimento, Lenin diz que a partilha do mundo parecia já ter terminado no fim do século XIX e, em especial, no começo do século XX. Em 1876, três potências não possuíam colônias e uma quarta, a França, quase não as tinha. Em 1914, porém, essas quatro potências tinham adquirido colônias com uma área de 14,1 milhões de quilômetros quadrados – isto é, cerca de 50% maior que a área da Europa, com uma população de quase 100 milhões de habitantes (LENIN, 2012, pp. 113-114). Ainda segundo o autor, a partilha do mundo "é a transição da política colonial, que se estende sem obstáculos às regiões ainda não apropriadas por nenhuma potência capitalista, para a política colonial de dominação monopolista dos territórios de um mundo já inteiramente repartido" (LENIN, 2012, p. 124).

Ao referir-se à política colonial da época do imperialismo, Lenin afirma que o capital financeiro e a política internacional a ele correspondente se traduzem na luta das grandes potências pela partilha do mundo em busca de lucros, e, quanto mais se desenvolve o capitalismo, mais sensível se torna a falta de matérias-primas e mais dura a concorrência. Dessa forma, cresce em complexidade a disputa interimperialista, enquanto os povos dominados são submetidos à nova política colonial. A força do capital financeiro revela-se tão grande e a disputa tão fratricida que até mesmo os Estados que gozam de independência política formal e aparentemente completa subordinam-se ao imperialismo, ainda que a subordinação mais lucrativa seja a dos Estados menos independentes.

Por isso, é importante notar que a política colonial da era do imperialismo origina formas transitórias de dependência estatal. Nessa toada, Lenin vai identificar a existência não apenas de países coloniais e países imperialistas, mas de países semicoloniais, aqueles que possuem independência política em termos formais, mas que na verdade são dependentes financeira e diplomaticamente como, por exemplo, a Argentina (LENIN, 2012, p. 119).

É importante salientar que a partilha do mundo ocorre em um período em que já não há mais descobertas, ou seja, não mais existem terras e países novos, mas a repartição de um mundo que antes já havia sido partilhado. Lenin sugere que, nesse movimento, o comando dos países subordinados apenas poderia "trocar de dono", pois enquanto existisse o imperialismo, a independência completa dessas nações estaria comprometida de maneira significativa.

Lenin não só identificava o imperialismo como fase própria do capitalismo monopolista como a qualificava como "superior", no sentido de final e última até aquele momento. Segundo ele, o imperialismo geraria dois fenômenos que levariam a sua destruição e à consequente derrocada do capitalismo.

O primeiro é que a tendência ao monopólio gera estagnação econômica, o que levaria à decomposição do modo de produção capitalista. Não obstante os monopolistas consigam fixar preços e se beneficiar com isso no curto prazo, no médio e no longo prazo desapareceria o estímulo ao progresso técnico em razão da redução da concorrência. Assim, "surge também a possibilidade econômica de conter artificialmente o progresso técnico" (LENIN, 2012, p. 137). Vale apontar que isso não aconteceu, e provavelmente nunca acontecerá, devido ao mecanismo que Bukharin compreendeu com precisão: a era dos monopólios reforça e aprofunda a concorrência; por isso, persiste o interesse na inovação técnica, que não pode ser negligenciada por nenhum capitalista sob o risco de acabar excluído do mercado.

Lenin também faz referência ao aparecimento de uma classe parasitária ligada à oligarquia financeira. Para ele, o Estado rentista é o estágio do capitalismo mais parasitário e já em decomposição. Essa circunstância, ainda, concorre para explicar as determinações internas que levariam à ruína do capitalismo.

O segundo fator para o fim do imperialismo diz respeito à ação do movimento operário e socialista. A guerra fratricida entre as nações imperialistas, envolvendo como protagonistas as respectivas burguesias nacionais, as ocuparia demasiadamente, o que abriria melhores condições para a organização da luta dos trabalhadores. Por isso, seria tarefa dos revolucionários agitar a palavra de ordem de que a guerra era imperialista e não envolvia a defesa da nação, mas sim os interesses particulares das burguesias nacionais. A mensagem seria que os proletários não deveriam tomar parte na guerra interimperialista, mas transformá-la em guerra civil contra a burguesia.

Controvérsias na Segunda Internacional e questão nacional e colonial

Já vimos que a caracterização da nova fase de acumulação capitalista e o surgimento e natureza do imperialismo não foram elementos consensuais nem entre os marxistas. É importante ressaltar que a tarefa desses intelectuais estava profundamente aliada às suas respectivas atividades militantes, especialmente no âmbito da Segunda Internacional Socialista, palco de discussões acaloradas, sobretudo em relação ao imperialismo, à tática política do movimento operário diante da Primeira Guerra Mundial e à questão nacional e colonial advinda do expansionismo com que se fazia a partilha do mundo e o avanço para as "áreas externas" como expediente para ganhar a concorrência da exportação de capitais.

Em 1896, realizou-se um congresso da Segunda Internacional Socialista em Londres que, em meio ao debate sobre as perspectivas de irrupção de revoluções de caráter socialista nas colônias recém-libertadas, aprovou uma moção de apoio à independência de alguns territórios anexados ou coloniais – casos da Macedônia, da Armênia e de Cuba (GOUVÊA, 2012). Em 1900, quando a possibilidade de um conflito bélico era apenas um prenúncio distante, mas a subjugação colonial já caminhava a passos largos, aconteceu outro congresso, dessa vez em Paris, onde foram referendadas posições duras na crítica aos intentos coloniais. Lá foi aprovada uma resolução de caráter anti-imperialista e anticolonialista, afirmando a defesa da autodeterminação das nações. Nessa época, Kaustky ainda era um expoente da crítica ao imperialismo e ao colonialismo.

No entanto, os ventos começaram a soprar para outros horizontes no congresso realizado em Amsterdã em 1904, época em que o colonialismo passava a receber um conjunto de adeptos, especialmente entre membros da social-democracia alemã, inglesa e holandesa. Eventos do início do século XX, como a guerra anglo-bóer, a guerra russo-japonesa e até mesmo a Revolução Russa de 1905 indicavam que aquele desenvolvimento pacífico do capitalismo monopolista estava com os dias contados.

A inflexão na correlação de forças internas deu-se no congresso de Stuttgart, em 1907, quando a iminência da guerra já estava na ordem do dia. Nesse evento, o debate sobre a questão colonial foi revelador: pela primeira vez um setor da social-democracia passou abertamente a designar-se social-imperialista, afirmando poder haver um imperialismo de caráter progressista e pró-socialista. O dirigente socialista holandês Van Kol afirmou, então, que as moções anticolonialistas, até aquele momento, não haviam servido para nada e que a tarefa dos social-democratas era apresentar um conjunto de propostas "reformadoras" do imperialismo para melhorar as condições de exploração dos povos originários e de outros indivíduos, subjugados pela força do imperialismo. Além disso, esse dirigente perguntou aos opositores do colonialismo se estavam realmente dispostos a prescindir dos recursos naturais das colônias e defendeu a tese de que essa exploração era necessária às nações centrais para que fizessem suas revoluções socialistas (COGGIOLA, sem data).

Mais tarde, Lenin identificou, no seu principal texto sobre o imperialismo, que essa fase criava as condições de um superlucro às burguesias nacionais, suficiente até para corromper parcelas da elite do proletariado, beneficiárias da exploração colonial, ainda que indiretamente. Eis um dos debates que reforçou seu diagnóstico sobre a cooptação e a constituição de uma elite operária que teria mais interesse em manter o imperialismo (e a correlata política colonial) do que em defender os demais trabalhadores oprimidos em outros cantos do mundo.

Na redação elaborada pela comissão encarregada da questão colonial constou que aquele congresso "não rechaça por princípio, em toda ocasião, uma política colonial que, sob um regime socialista, possa oferecer uma influência civilizadora". Lenin qualificou a posição como "monstruosa" e apresentou com Rosa Luxemburgo uma moção anticolonialista. O resultado da votação foi uma amostra da divisão existente entre os socialistas: a posição colonialista foi rejeitada por 128 votos contra 108 (COGGIOLA, sem data).

A orientação teórica que sustentava as teses de defesa e melhoramento do colonialismo baseava-se, primeiramente, em um diagnóstico romantizado do imperialismo disseminado por Kautsky, que afirmava a possibilidade de retorno a um estágio de livre concorrência ou de paz entre as nações imperialistas, e em um marxismo bastante dogmático e positivista que via no desenvolvimento do capitalismo um elemento historicamente inevitável. Ou seja, o imperialismo seria a forma de acelerar a passagem de sociedades pré-capitalistas para plenamente capitalistas, visto como algo positivo à medida que aguçava e acelerava as contradições que levariam o próprio capitalismo à bancarrota.

As divergências, ainda no plano teórico, explodiram com o início da Primeira Guerra Mundial. Até então, baseados no "Manifesto de 1907", a posição dos social-democratas – mesmo que com divergências em relação à questão colonial – era evitar ao máximo a deflagração da guerra, empunhando bandeiras de paz e, no caso de um conflito bélico, aproveitar suas brechas para precipitar a queda do capitalismo. Entretanto, tão logo começa a guerra, os parlamentos – com o apoio da maioria dos membros dos partidos social-democratas pertencentes à Segunda Internacional – votam em conluio com as burguesias a favor dos créditos de guerra. Somente os partidos russo, sérvio e húngaro, além do Partido Socialista Italiano e de pequenos grupos dentro de outros partidos, permaneceram fiéis aos princípios antes enaltecidos pela Internacional. Lenin taxou os social-democratas de "reformistas", "revisionistas" e "oportunistas", anunciou a "falência da Internacional" e conclamou os revolucionários a organizar uma nova Internacional (COGGIOLA, sem data).

No que se refere mais especificamente à questão nacional – e, em alguma medida, à questão colonial – houve divergência no campo que reunia os socialistas revolucionários (estabelecido em oposição à ala reformista e revisionista) da Segunda Internacional. Desde o congresso de 1907, por motivos distintos das teses dos reformistas, Rosa Luxemburgo manifestou-se contra a moção que defendia a luta pela autodeterminação da Polônia e, mais tarde, travou embates nesse campo teórico, tendo Lenin como principal interlocutor.

Luxemburgo, também militante do Partido Social-Democrata Russo, por ter nascido na Polônia na época em que esse país pertencia ao Império Russo, era contra a autodeterminação e a independência da Polônia porque acreditava que essa pauta tinha conteúdo burguês. Para ela, a independência da Polônia apenas fazia sentido como consequência das revoluções proletárias na Alemanha, na Áustria-Hungria e na Rússia e o combate ao capitalismo precedia a luta pela independência. Nas palavras da autora, "se compreendermos por este direito [à autodeterminação] somente a luta contra qualquer violência em relação às nações, então é desnecessário um ponto especial do programa, pois os social-democratas em geral são contra toda a violência nacional e desigualdade de direitos" (LUXEMBURGO apud GOUVÊA, 2012, p. 61).

Contrapondo-se a Luxemburgo, Lenin apontava que o argumento contra a defesa da autodeterminação nacional polonesa (de que isso auxiliaria a burguesia nacionalista da Polônia) acabava ajudando a burguesia russa. Além disso, Lenin afirmava que esse nacionalismo burguês da nação opressora era precisamente o mais perigoso por ser o que travava a luta operária. Diz ele que em "*todo* o nacionalismo burguês de uma nação oprimida há um conteúdo democrático geral *contra* a opressão, e é exatamente este conteúdo que nós apoiamos *incondicionalmente* excluindo rigorosamente a aspiração à sua exclusividade nacional, lutando contra a aspiração do burguês polaco de oprimir o judeu etc etc." (LENIN, 1914).

Lenin foi o autor que destacou com mais afinco a importância da questão nacional e da autodeterminação na sua produção teórica, tratando-as como desafios políticos na luta pelo socialismo. Como marxista, Lenin propôs interpretar a questão nacional tal como a questão social ou qualquer outra, ou seja, a partir da análise da situação concreta e guiado pela ótica da luta de classes. Dessa forma, sua análise da emergência do capitalismo em sua nova etapa permitiu-lhe não reduzir a questão nacional a uma pauta nacionalista abstrata, mas torná-la parte de mais um dos elementos que circunscreviam a luta de classes nas nações subjugadas pelo poderio do capital monopolista e imperialista.

Assim, a análise ao direito à autodeterminação não poderia ser deslocada das contradições concretas. Afirmações abstratas sobre o caráter essencialmente burguês de uma determinada pauta acabavam por negar os conflitos concretos existentes

– inclusive entre frações da burguesia – que detinham capacidade de incidir nas questões do proletariado e no aguçamento da luta de classes. Lenin, de outro modo, analisou os impactos que tornam distinto o conteúdo das reivindicações de caráter nacional nessa fase do capitalismo. Isso, segundo ele, "significa a necessidade de distinguir rigorosamente duas épocas do capitalismo, radicalmente diferentes, do ponto de vista dos movimentos nacionais. Por um lado, é a época da queda do feudalismo e do absolutismo, a época da constituição da sociedade e do estado democrático-burguês, em que os movimentos nacionais adquirem, pela primeira vez, um caráter de massa, fazem participar da política, de uma forma ou de outra, todas as classes da população, através da imprensa, da participação nas instituições representativas etc. Por outro lado, temos diante de nós a época dos estados capitalistas plenamente formados, com um regime constitucional há muito estabelecido, com um antagonismo fortemente desenvolvido entre o proletariado e a burguesia, época a que se pode chamar de véspera da extinção do capitalismo" (LENIN, 1914).

Retomando a análise da questão nacional inserida nas relações de forças políticas numa situação concreta, Lenin entendia que negar o direito à autodeterminação seria compactuar com os interesses de nações opressoras: negar a "separação das nações, significa apenas a defesa dos privilégios da nação dominante e dos métodos policiais de administração em detrimento dos democráticos" (LENIN, 1914).

Para o revolucionário russo, a guerra imperialista fez os povos dependentes entrarem para a história e inaugurou um período em que a luta de classes, nos países periféricos, não poderia evitar a luta anti-imperialista, que passa a não ser mais uma luta entre nações – o que seria do ponto de vista burguês –, precisando ser visto como uma luta da classe dos trabalhadores em todo o mundo. A guerra abre essa brecha no sistema global e consolida um período em que as lutas de caráter anti-imperialista podem gerar revoluções de caráter socialista nos elos débeis do capitalismo.

Lenin travou uma disputa político-teórica com Bukharin em relação à questão nacional. Bukharin também negou o caráter classista e revolucionário do direito à autodeterminação nacional, que segundo ele seria uma luta que perderia o conteúdo de classe à medida que fossem selados acordos com as respectivas burguesias nacionais. Lenin acusa esse discurso de idealista e fantasioso. Segundo ele, reconhecer apenas o direito das classes trabalhadoras à autodeterminação, como queria Bukharin, significa "reconhecer algo que não foi alcançado em um único país, exceto na Rússia. Isso é ridículo" (LENIN, 1919).

Lenin avalia, ainda, que "as nações estão em diferentes estágios no caminho do medievalismo à democracia burguesa e da democracia burguesa à democracia proletária, tese esta do nosso programa, absolutamente correta. Conosco, houve muitos ziguezagues nesta estrada. Cada nação deve obter o direito à autodeterminação, e isso tornará mais fácil a autodeterminação dos trabalhadores" (LENIN, 1919).

Em síntese, tanto a questão nacional como a colonial ensejaram uma série de debates no âmbito dos grupos revolucionários nesse primeiro momento de elaborações sobre o imperialismo. Essas controvérsias continuarão (abertas, veladas ou discretas) nos debates contemporâneos.

PARTE II
O IMPERIALISMO DO PÓS-SEGUNDA GUERRA MUNDIAL

Os grandes debates e formulações sobre a caracterização do capitalismo e de sua fase monopolista passaram por um certo refluxo no período entreguerras. Ainda que contribuições importantes tenham surgido – especialmente as respostas de Bukharin a Rosa Luxemburgo e as formulações de Trotski –, a discussão acalorada do período anterior não teve continuidade antes da eclosão da Segunda Guerra Mundial. Eventos como a Revolução Russa e as polêmicas que a sucederam ganharam relevo no movimento comunista internacional, ao passo que a questão do imperialismo deixou de receber atenção.

Como explica Hugo Figueira de Souza Corrêa (CORRÊA, 2012), o período em questão dá origem a um marxismo ocidental que faria contraponto ao marxismo oficial soviético e aos seus efeitos deletérios sobre as produções mais originais ou mesmo críticas que afloraram nesse período no campo marxista ou não. Porém, esse marxismo ocidental, ao contrário daquele ecoado antes da Primeira Guerra Mundial, perdia sua vinculação militante, baseado que estava em um novo perfil de marxistas de gabinetes de universidades. Esse período, portanto, marca uma mudança no perfil dos interlocutores, ligados não apenas às universidades, mas a um tipo de elaboração teórica que privilegiou temas relacionados à superestrutura, especialmente no campo da filosofia, em detrimento dos problemas candentes da política e da economia.

Outro evento que concorre para explicar o refluxo e certo ostracismo da teoria do imperialismo, ainda segundo Corrêa, foi a relativa estabilidade global que ocorreu após a Segunda Guerra Mundial. Quando os movimentos de descolonização, especialmente na Ásia e na África, consolidaram um novo mapa na geopolítica global, criou-se a impressão generalizada de fim do imperialismo em razão do esgotamento da política colonial de anexação territorial. Os acordos de paz e a dinâmica de reordenamento, com relativa estabilização dos fluxos internacionais de capitais, selados nos acordos de Bretton Woods[1], faziam crer que ingressávamos em um longo e duradouro período de calmaria, pelo menos entre as potências capitalistas centrais, afastando outro elemento característico da fase inicial do imperialismo, as guerras (e ameaças de guerra) em razão da rivalidade e concorrência interimperialista.

O período em questão, portanto, principalmente do fim da Segunda Guerra Mundial até meados da década de 1960, caracteriza-se por um estágio excepcional do capitalismo em que foi possível, ao menos na Europa Ocidental, Estados Unidos e Japão, a convivência entre pleno emprego, crescimento da produtividade do trabalho, redução das desigualdades sociais e crescimento econômico expressivo. Esses

---

1 Os acordos de Bretton Woods foram definidos entre os países participantes da Conferência Monetária e Financeira, realizada em 1944, que elaborou regras para o sistema monetário internacional sob hegemonia dos Estados Unidos.

eventos levaram teóricos – incluindo marxistas – a defender um novo tipo de revisionismo, assentado em ideias como o "adeus ao proletariado"[2] e o surgimento de uma sociedade em que o assalariamento seria condição generalizada. Os trabalhadores poderiam, então, contar com uma situação de melhores salários concomitantemente à redução do exército industrial de reserva e ao aumento do seu poder de barganha. Isso tudo aliado à força do movimento sindical e à existência de um Estado com características muito mais mediadoras do que as de um aparelho de dominação burguesa. O capitalismo teria, enfim, contornado sua própria tendência à crise, identificando-se com uma maior distribuição de renda e criado um forte mercado consumidor de massas para alavancar lucros e salários.

Esse período, que vai de meados da década de 1940 até o fim da década de 1970, ficou conhecido na literatura econômica como "anos gloriosos" e alimentou muitas esperanças na superioridade do capitalismo organizado, que precisou se reorientar tanto para combater instintos beligerantes e imperialistas como para se consolidar como alternativa concreta às experiências que recebiam o nome de "socialismo real". As revoluções socialistas, consolidadas e ampliadas no Leste Europeu, a experiência chinesa em 1949 e a Revolução Cubana em 1959 exemplificam essa fase de ameaça ao capitalismo (FURNO, 2020).

Os Estados Unidos saem da Segunda Guerra Mundial como os grandes vitoriosos do ponto de vista político, econômico e, principalmente, ideológico. A economia capitalista se reorganiza sob a batuta da hegemonia estadunidense, imposta em todos os níveis e espaços da sociabilidade

---

2   Referência ao título de um texto de André Gorz.

capitalista, passando pelo padrão industrial de produção e chegando ao padrão de consumo (FIORI, 2003).

Do ponto de vista econômico, a vantagem estadunidense esteve marcada por uma produção que praticamente dobrou ao final do conflito, respondendo por quase dois terços da produção manufatureira e por um terço das exportações mundiais. Do ponto de vista financeiro, os Estados Unidos obtiveram a posição de maiores credores do mundo, tendo 75% das reservas mundiais de ouro em seu território. Os grandes conglomerados estadunidenses figuraram como os principais agentes desse processo através da internacionalização de seu capital, que pôde contar – a partir desse movimento – com uma base de recursos naturais de grande extensão e com um espaço econômico de dimensão continental, relativamente integrado e protegido. A Segunda Guerra Mundial impulsionou ainda mais o crescimento dessas corporações diante da grande expansão econômica dos Estados Unidos durante o conflito. Seu fim, portanto, concedeu ao país a supremacia do ponto de vista bélico, tecnológico, financeiro e cultural.

Logo após esse período, a política dos acordos de Yalta[3] é parcialmente revista e os Estados Unidos consolidam o Plano Marshall no intuito oficial de contribuir com a recuperação dos principais países da Europa Ocidental devastados pela guerra. O plano não tinha apenas pretensões de justiça social, atendendo principalmente à necessidade de maior controle político e submissão dessas nações aos ditames estadunidenses. Compreende-se, pois, a razão desse plano

---

3 A Conferência de Yalta, na Crimeia, aconteceu no início de 1945 e reuniu as potências aliadas para definir as bases da ordem internacional pós-Segunda Guerra Mundial.

exigir que não existissem partidos comunistas nas coalizões de governo dos países que seriam "ajudados". O contexto da Guerra Fria demandava a constituição de aliados nos locais em que, antes, os soviéticos eram reconhecidos como importantes parceiros na derrota do nazifascismo.

A despeito da situação de excepcionalidade, o capitalismo "domesticado" seguia sendo capitalismo e, após poucos anos, suas contradições tornaram-se evidentes, especialmente as ligadas à queda tendencial da taxa de lucro. Já nos anos 1960, o refluxo das interpretações sobre o imperialismo cede lugar a novas e importantes formulações que farão desse período (dos anos 1960 aos 1980), fértil em produções, especialmente partindo do comércio internacional e do ponto de vista dos países dependentes.

Nesse ínterim, surgem o que podemos considerar as quatro grandes teorias sobre o capitalismo imperialista. A primeira, elaborada principalmente por Ernest Mandel, está ligada à emergência da subfase do capitalismo tardio e à atuação do imperialismo através da troca desigual por níveis distintos de produtividade do trabalho. A segunda engloba a corrente organizada em torno da revista marxista estadunidense *Monthly Review* e ficou conhecida como a corrente do capitalismo monopolista, tendo Paul Baran e Paul Sweezy como teóricos mais destacados. A terceira é igualmente vinculada à temática da troca desigual, também conhecida como Escola Terceiro-Mundista, com destaque para a contribuição do egípcio Samir Amin. Finalmente, há a teoria construída pelo olhar latino-americano – traremos ao debate a perspectiva original que buscou compreender o capitalismo e o imperialismo a partir da temática da dependência, em especial a contribuição teórica do brasileiro Ruy Mauro Marini.

Mandel e o capitalismo tardio

Ernest Mandel foi um dos autores marxistas mais importantes desse período. Além de intelectual primoroso, Mandel foi dirigente político, vinculado à corrente que construiu a Quarta Internacional Comunista, ligada ao revolucionário Leon Trotski. Mandel concordava com Trotski quanto ao conceito de desenvolvimento desigual e combinado para interpretar o capitalismo contemporâneo e o imperialismo. O texto que sintetiza suas ideias é *O capitalismo tardio*, lançado em 1972. Segundo Singer, "o enfoque de Mandel parece ser fundamentalmente correto ao procurar combinar na mesma análise a evolução no plano tecnológico, as transformações no plano econômico e os eventos no plano político. Surge assim uma visão muito mais abrangente da dinâmica capitalista do que as análises de caráter economicistas permitem entrever" (SINGER, 1985, p. XVI).

Apesar de escrito em 1972 (portanto, antes da crise internacional do choque do petróleo de 1973, evento que é tido por muitos como o ponto de partida para o fim da "era de ouro" do capitalismo), *O capitalismo tardio* revela que Mandel já conseguia fazer uma interpretação rigorosa do capitalismo e de suas leis de tendenciais para prever as causas da crise que ainda estava por vir. Ainda do ponto de vista das causas da crise – tema presente nos primeiros capítulos do livro – Mandel distancia-se dos teóricos da *Monthly Review* ao rejeitar o que denominou de explicações monocausais para a crise do capitalismo e ao criticar como esses autores teriam tratado as consequências da crise – como o subconsumo ou a superprodução – como causas – o que, para ele, resumia-se à queda tendencial da taxa de lucro. Segundo o autor, flutuações na taxa de lucro são "o sismógrafo dessa história" (MANDEL, 1985, p. 26) e, portanto, o elemento principal, pois, visto que o capitalismo é um modo de produção orientado para o lucro, variações da taxa de lucro desempenham um papel fundamental em sua história.

Uma questão importante é afastar de saída qualquer interpretação do capitalismo tardio que faça referência a capitalismo retardatário ou subdesenvolvido. A análise de Mandel, pelo contrário, está centrada no que ele denomina como maturidade do capitalismo (que surge após o fim da Segunda Guerra Mundial). Mandel enxerga a existência de duas fases complementares do capitalismo que ajudam a entender o que ele identificou como capitalismo tardio. A classificação formulada por ele distingue uma fase baseada no capitalismo concorrencial e outra que recebe o nome de capitalismo monopolista ou imperialista.

A fase imperialista, por sua vez, pode ser dividida em duas subfases: a clássica e a atual, a do capitalismo tardio. Mandel diferencia a revolução industrial original, que ocorreu no final do século XVIII, das três revoluções tecnológicas que a seguiram: a primeira, iniciada em 1848, propiciou a produção de motores a vapor por meio de máquinas; a segunda, iniciada em 1896, levou ao desenvolvimento e à aplicação do motor elétrico e do motor de explosão; e a terceira, iniciada em 1940 nos Estados Unidos e em 1945 nos demais países imperialistas, produziu a regulagem de máquinas por aparelhos eletrônicos, a automação e a energia nuclear.

A expressão capitalismo tardio não significa que o capitalismo tenha sofrido alguma mudança em sua essência. Permanecem válidas e úteis, portanto, as descobertas analíticas de *O Capital*, de Marx, e de *O imperialismo*, de Lenin. Nas palavras de Singer, "a era do capitalismo tardio não é uma nova época do desenvolvimento capitalista; constitui unicamente um desenvolvimento ulterior da época imperialista, de capitalismo monopolista. Por implicação, as características da era do imperialismo enunciadas por Lenin permanecem assim plenamente válidas para o capitalismo tardio" (SINGER, 1985).

Em síntese, o capitalismo tardio surge com o advento da Terceira Revolução Tecnológica e é composto por duas fases. A primeira é a que ele denomina de "onda longa com tonalidade expansiva" que teve como principal característica as "melhorias nas condições para a valorização do capital, o que resultou nas derrotas históricas da classe trabalhadora frente ao fascismo e à guerra" (MANDEL, 1985, p. 4). Para Mandel, a derrota da classe trabalhadora no período fascista, os baixos salários, a função da guerra como elemento anticíclico (e criador de demanda para o investimento) e a tecnologia que começou com a indústria bélica (transmutada para atender a indústria de bens de consumo duráveis), são fenômenos essenciais para explicar esse ciclo longo com tonalidade expansiva.

Para Mandel, era necessário que a demanda por bens de consumo se expandisse sem afetar negativamente a taxa de lucro e essa condição teria sido satisfeita com o advento da Terceira Revolução Tecnológica que renovou os métodos de produção de bens de capital, possibilitando, por sua vez, a elevação da produtividade do trabalho e, por conseguinte, o aumento da produção de mais-valia relativa. Somente assim foi possível combinar a elevação dos salários reais e a expansão do mercado de consumo de massa sem que houvesse queda nas taxas de mais-valia.

Já no fim da década de 1960, entretanto, essa onda longa com tonalidade expansiva começou a enfrentar adversidades. Em primeiro lugar, a própria dinâmica interna da correlação de forças e do acirramento da luta de classes colocou entraves para a taxa de acumulação em razão do avanço do custo unitário da força de trabalho. Paralelamente, a generalização da tecnologia da Terceira Revolução Industrial levou à queda dos superlucros monopólicos do setor que primeiro concentrou e utilizou a nova tecnologia. O aumento da composição orgânica do capital igualmente modificou a composição entre os capitais fixo e circulante,[4] reduzindo o seu tempo de rotação. Surge daí uma tendência à mudança na tonalidade da onda longa, que passa de expansiva a estagnante ou depressiva, alternando-se com ciclos curtos de expansão.

A expansão motivada pela Terceira Revolução Tecnológica elevou abruptamente a concentração e a centralização do capital a um patamar que tornou impossível o reinvestimento desses superlucros no setor produtivo nacional. Além disso, a elevação da composição orgânica fazia com que o investimento produtivo nacional não atendesse a expectativa de retorno pela taxa de lucro obtida. Soma-se a isso a concentração agigantada dos investimentos que elevava os riscos e as incertezas, o que fez despontar, como solução, a grande empresa transnacional e o início de uma fase de internacionalização da economia, além de um Estado Nacional com funções redefinidas. Mandel demonstra, portanto, que a internacionalização do capital (formação de empresas

---

4 Dentro do que Marx concebe como capital constante, há uma subdivisão entre capital constante fixo e circulante. O capital constante circulante é aquele que é completamente transferido ou utilizado no processo de produção como, por exemplo, a matéria-prima que vira mercadoria. O capital constante fixo é aquele que vai se depreciando aos poucos, levando mais tempo para o seu consumo integral e necessidade de substituição completa.

multinacionais) decorre basicamente da internacionalização das forças produtivas, gerada pela Terceira Revolução Tecnológica e pela impossibilidade de valorização do capital sobreacumulado. O crescimento das escalas de produção e do volume de capital seriam a causa principal da referida internacionalização do capital.

Mandel faz referência expressa ao Estado e a seu novo papel. Nas palavras do autor, o "poder coercitivo do Estado burguês intervém na economia de maneira cada vez mais direta, tanto para assegurar a coleta regular dos superlucros do monopólio exterior quanto para garantir as condições de acumulação regular do capital em sua pátria. Esse passo marcou o início da era do capitalismo tardio" (MANDEL, 1985, p. 220). Ainda segundo o autor, para desempenhar efetivamente esse papel, "é preciso com efeito que ele estenda suas atividades a todas as esferas da superestrutura, uma tarefa que apresenta grandes dificuldades se for empreendida sem cuidadosa consideração das peculiaridades nacionais e culturais de cada nacionalidade" (MANDEL, 1985, p. 230). Aqui, ele faz referência a dois elementos como motores desse processo que foram decisivamente assegurados pelo Estado: a) a indústria bélica, que, embora não fosse novidade, atingiu um grau ininterrupto de produção e passou a ter tamanho expressivo no Produto Interno das nações imperialistas; b) os serviços com espaço de valorização em um processo de industrialização de serviços que não eram industrializados ou não estavam na alçada do capital, tais como serviços de saúde e educação.

Para Mandel, a concentração internacional do capital começou, no capitalismo tardio, a transformar-se em centralização internacional. A empresa transnacional tornou-se a forma organizativa determinante do grande capital e algumas forças desempenharam uma função muito importante nesse processo, o que ajuda a compreender as diferenças entre o desenvolvimento das empresas no imperialismo clássico e no capitalismo tardio. As principais são as seguintes:

1. há um novo desenvolvimento das forças produtivas, desencadeado pela Terceira Revolução Tecnológica, que "alcançou um ponto no qual, em um número cada vez maior de setores, não é mais possível produzir lucrativamente em escala nacional, não só por causa dos limites do mercado interno, mas por causa do enorme volume de capital necessário à produção" (MANDEL, 1985, p. 223). Não apenas na Europa ocidental, mas em muitas outras áreas existem evidências de que as forças produtivas estavam rompendo os limites do Estado Nacional, pois a lucratividade mínima para a produção de certas mercadorias envolvia séries produtivas proporcionais aos mercados de vários países – ou seja, a busca por lucro exigia um mercado externo.
2. no capitalismo tardio, os superlucros geralmente assumem a forma de superlucros tecnológicos (rendas tecnológicas). O menor tempo de rotação do capital fixo e a aceleração da inovação tecnológica determinam a busca por novos produtos e novos processos de produção que envolvem riscos inerentes à expansão do capital em razão das enormes despesas necessárias para a pesquisa e o desenvolvimento de produtos e exigem o máximo em produção e vendas para as mercadorias fabricadas. Essa pressão é um poderoso incentivo para a produção internacional, favorecida pela relativa facilidade de acesso aos grandes mercados (concentrações de população em grandes áreas urbanas). Um novo modo de divisão de

trabalho, baseado na especialização de produtos, passa a corresponder à dinâmica das grandes empresas multinacionais do capitalismo tardio. Nessa quadra, também se procura lucrar na diferença do preço internacional durante a compra de matéria-prima, equipamentos, terra e edifícios, assim como na compra da força de trabalho e nas diferenças dos preços de mercado para os artigos produzidos em suas fábricas, a fim de maximizar seus superlucros monopolistas em escala mundial.

3. o desenvolvimento desigual das grandes e variadas forças (ou regiões imperialistas) e a política protecionista ou parcialmente protecionista procuram efetivar ou reforçar a tendência contemporânea à substituição da exportação de mercadorias pela exportação de capital a fim de evitar as restrições alfandegárias. A crescente instabilidade do sistema monetário internacional também representa um papel semelhante, pois alimenta receios cada vez maiores de flutuações imprevisíveis nas taxas de câmbio e ainda funciona como freio à expansão das exportações de mercadorias, ao mesmo tempo em que estimula a exportação de capital resultante da internacionalização das regiões produtivas.

Mandel realizou, ainda, outra análise do período do imperialismo clássico, comparando as diferenças entre as taxas de lucro nas metrópoles e nas colônias. Para ele, essas diferenças poderiam ser resumidas nos seguintes pontos: a) nos países coloniais, devido à reduzida composição orgânica média dos capitais, as taxas de lucros obtidas e drenadas para as metrópoles eram superiores; b) a taxa de mais-valia das colônias também excedia a das metrópoles, em especial pelo fato de que se podia ampliar a taxa de mais-valia absoluta dos países coloniais muito além do que era possível nas metrópoles; c) a presença de um enorme exército industrial de reserva nos países coloniais permitia a redução do preço da força de trabalho, inclusive com pagamento abaixo do seu valor.

A tese de Mandel, relacionada mais precisamente com o tema da atuação do imperialismo, especialmente nos países periféricos, parte da passagem de um padrão de acumulação pela extração e exploração colonial (imperialismo clássico) para uma nova forma de exploração, a troca desigual. Troca desigual significa que as colônias e as semicolônias tendem a trocar quantidades cada vez maiores de trabalho (ou produtos do trabalho) nativo por uma quantidade constante de trabalho (ou produtos do trabalho) metropolitano. O desenvolvimento dos termos de troca, no longo prazo, foi um dos indicativos dessa tendência, embora outros determinantes também a tenham influenciado (como, por exemplo, o controle monopolista dos mercados de matérias-primas e de produtos coloniais por parte de grandes empresas imperialistas).

No período do imperialismo clássico, a troca desigual era quantitativamente menos importante do que a produção direta e a transferência dos superlucros das colônias (então, uma forma secundária de exploração). As proporções mudam no capitalismo tardio. A troca desigual passa a ser uma das principais formas de exploração colonial e a produção direta de superlucros nas colônias tem papel secundário.

Como ensinava Mandel, a troca desigual derivaria, em resumo, da troca de quantidades desiguais de trabalho. Existem, segundo ele, "basicamente, duas fontes de troca desigual: a) o fato de que o trabalho dos países industrializados é considerado mais intensivo (portanto, produtor de mais valor) no mercado mundial do que o dos países subdesenvolvidos; b) o fato de não ocorrer nenhum nivelamento entre as taxas de lucro no mercado mundial, onde coexistem diferentes preços nacionais de produção (taxas médias de lucro)" (MANDEL, 1985, p. 248).

Ainda na lição de Mandel, "a hora de trabalho do país desenvolvido é considerada mais produtiva e intensa que a da nação atrasada" (MANDEL, 1985, p. 254). A troca de mercadorias "produzidas em condições de mais alta produtividade do trabalho por mercadorias produzidas em condições de mais baixa produtividade do trabalho era uma troca desigual; era uma troca de menos trabalho por mais trabalho, que inevitavelmente conduziu a um escoamento, a um fluxo para fora de valor e capital desses países, em benefício da Europa ocidental" (MANDEL, 1985, p. 35).

É essa concepção – de que a troca desigual deriva de quantidades desiguais de trabalho – que vai separar Mandel do conjunto dos demais autores da chamada Escola da Troca Desigual, em especial de Arghiri Emmanuel e de Samir Amin, os quais Mandel criticava por tentarem entender o movimento da troca desigual lançando mão de um arsenal teórico eclético que misturava Marx com Ricardo e dava ênfase aos custos salariais. Segundo ele, esses dois autores "partem da hipótese de que existe uma imobilidade da força de trabalho e uma mobilidade internacional do capital. O corolário lógico é o nivelamento da taxa de lucro" (MANDEL, 1985, p. 249).

O ponto a ser ressaltado é que Mandel aceita a teoria do valor, mas nega outra dimensão presente em Marx, particularmente no livro III de *O Capital*, que diz respeito ao nivelamento das taxas de lucros, em que a taxa de lucro se torna a taxa média de lucro pela concorrência intercapitalista e pela mobilidade de entrada e saída de capitais. É esse nivelamento da taxa média de lucro que dá origem à formulação de Marx sobre a transformação dos valores em preços de produção e explica como capitais com maior composição orgânica, ainda que produzindo menos valor, vendem suas mercadorias por um preço de mercado com desníveis acima do valor, apropriando-se de uma maior mais-valia do que aquela por eles produzida.

Nas palavras de Mandel, "essa análise das fontes da troca desigual está de acordo tanto com a teoria do valor de Marx quanto com o processo histórico real. Ela nos possibilita entender e explicar a coexistência de altas taxas de lucro e baixos salários, a acumulação de capital e a produtividade do trabalho nos países desenvolvidos, e o enriquecimento relativo das metrópoles às expensas das colônias e das semicolônias, pela transferência de valor resultante da troca de quantidades desiguais de trabalho no mercado mundial" (MANDEL, 1985, p. 255).

Para sustentar seu argumento em Marx, Mandel afirma que o processo que envolve as transferências de valores está atrelado à forma como se manifesta a lei do valor no mercado mundial. Segundo Leite (2019), para Mandel, essa citação sugeriria que tal mecanismo só operaria com tendência ao nivelamento da taxa média de lucro quando a produção capitalista estivesse completamente estabelecida; somente assim a lei do valor passaria a vigorar plenamente em escala mundial.

As trocas no mercado mundial, portanto, ocorreriam entre nações que apresentam modos de produção não propriamente capitalistas (semi ou pré-capitalistas), o que impediria a lei do valor de operar plenamente nesse mercado. Isso explicaria a troca desigual (via diferencial de produtividade do trabalho) e a inexistência de uma tendência ao nivelamento da taxa média de lucro, como defendida por Marx. O argumento de Mandel esbarra, contudo, nas próprias formulações de Marx quando esse sugere que a produção capitalista pode efetivar-se mesmo em condições de trabalho não-assalariado, usando como exemplo a produção de algodão no sul escravocrata dos Estados Unidos. Para Marx, quando se produz para o mercado mundial, é possível enxergar o modo de produção capitalista, ao menos do ponto de vista formal (LEITE, 2019).

Baran e Sweezy: excedente e capital monopolista

Paul Baran e Paul Sweezy, ao lado de outros grandes intelectuais, foram fundadores e os principais editores da *Monthly Review* que, por sua vez, foi parte essencial da evolução das teorias sobre o imperialismo no campo marxista. Buscando compreender as transformações do capitalismo e como se manifestava o imperialismo na fase monopolista a partir de Marx e Lenin, os autores eram críticos da experiência socialista implementada na União Soviética, embora a defendessem, sendo muito mais próximos da Revolução Cubana e das lutas de caráter anti-imperialista e anticoloniais (FERNANDES, 2021).

Como Marx procurou descrever as principais características do modo de produção capitalista tendo a Inglaterra como *locus* prioritário de investigação, Baran e Sweezy tentaram compreender as transformações do capitalismo de sua época usando como referência os Estados Unidos, a mais desenvolvida experiência do capitalismo e de suas leis gerais e tendenciais. Os autores procuraram se afastar de qualquer análise determinista ou a-histórica de que a experiência mais desenvolvida lança a imagem de futuro da mais atrasada e não negligenciaram as condições estruturais em que as diferenças entre desenvolvimento e subdesenvolvimento foram elaboradas.[5]

Basicamente, Baran e Sweezy sustentam que Hilferding e Lenin foram pouco precisos na definição dos monopólios e de sua influência sobre a concorrência. Para eles, "a análise marxista do capitalismo ainda se baseia, em última análise, na suposição de uma economia em regime de concorrência" (BARAN e SWEEZY, 1974, pp. 13-14). O centro da crítica aos autores precedentes seria a negligência com que se referiram ao tema dos monopólios no corpo da teoria econômica de Marx. E foi essa a tarefa que Baran e Sweezy procuraram realizar no livro *O capital monopolista*, publicado em 1966. Como o próprio nome já indica, o capitalismo havia de vez suplantado a fase da livre concorrência e do mercado dominado por pequenas e médias empresas.

Nas palavras dos autores, "a unidade econômica típica na sociedade capitalista não é a firma pequena que fabrica uma fração desprezível de uma produção homogênea para um mercado anônimo, mas a empresa em grande escala, à qual cabe uma parcela significativa da produção de uma indústria ou mesmo de várias indústrias, capaz de controlar seus preços, o volume de sua produção e os tipos e volumes dos seus investimentos" (BARAN e SWEEZY, 1974, pp. 15-16). A ideia era que, no capitalismo monopolista, as grandes corporações obtiveram possibilidades ímpares de poder sobre

---

5   Para mais detalhes: BARAN, P. *Economia política do desenvolvimento*. Rio de Janeiro: Zahar, 1972.

o mercado, exercidas mediante a definição de preços mais controlados quanto maior fosse o grau de monopólio. As empresas que conquistassem essa condição poderiam adicionar um *markup* ao preço de custo de suas mercadorias, manipulando-os com o objetivo de sufocar seus concorrentes e, assim, transferir os custos mais elevados do trabalho praticando preços mais elevados.

Segundo Baran e Sweezy, essa estrutura monopolista exigiu um novo tipo de superestrutura no nível empresarial que trouxe consigo uma verdadeira revolução gerencial com uma nova divisão do trabalho e a permanente burocratização das tarefas administrativas. Para entender o capitalismo monopolista, Baran e Sweezy partem de um modelo que tem como personagem principal a unidade típica da grande empresa, a moderna Sociedade Anônima (S.A.) gigante. Para os autores, enquanto se desenvolve o modo de produção capitalista, também se desenvolvem e modificam as estruturas organizacionais das empresas e a dinâmica da concorrência capitalista. Diversamente do período de transição entre a livre concorrência e os primeiros ventos da monopolização, em que reinava a figura do magnata individual, no capitalismo monopolista contemporâneo as empresas já herdaram uma trajetória consolidada de acumulação de capital que confere força ao império das S.A.. Em síntese, empresas dotadas de altas taxas de concentração de capital e que, por isso, passam a expandir suas bases produtivas e a controlar faixas importantes do mercado mundial.

Nesse novo contexto, a substituição do capitalista individual pelo capitalista da S.A. e a passagem do controle da política e da ação empresarial a uma administração coletiva e impessoal, constituída por uma camada de tecnocratas-executivos treinados especificamente para a tarefa, são os sinais externos de que a dinâmica da economia de mercado e o inédito grau de concorrência intercapitais (agora oligopolizado) passaram a exigir níveis crescentes de racionalidade administrativa. Na guerra pela maximização do lucro, no interior de uma dinâmica de mercado dominada por grandes firmas, a capacidade de sobrevivência a longo prazo por meio de reinvestimentos constantes torna-se fator essencial para qualquer empresa.

Toda essa análise seria insuficiente se um dos principais conceitos empregados pelos autores for negligenciado, o de excedente econômico.[6] Nas palavras de Baran e Sweezy, qualquer tentativa de compreender a sociedade do capitalismo monopolista "que omita ou procure reduzir sua importância nos modos de utilização do excedente está destinada ao fracasso" (BARAN e SWEEZY, 1974, p. 18). Para eles, a concorrência intermonopólios e a artilharia de preços baixos, somadas aos mecanismos de redução dos custos e à ampliação da eficiência produtiva, davam origem a um maior excedente econômico e a maiores taxas de lucros no interior dos monopólios.

No início do século XX, a tendência ao crescimento do excedente podia ser sanada para evitar que o capitalismo entrasse em estagnação. As constantes invenções tecnológicas produziram grandes impactos econômicos, abrindo espaços de valorização para o capital sobrante e, assim, contendo os efeitos depressivos do monopólio. Outro ponto fortemente trabalhado por Baran e Sweezy foi o papel das guerras e dos gastos militares, que impactaram e movimentaram o excedente, basicamente, de duas formas: a) durante

---

6 O excedente econômico, na definição mais breve possível, é a diferença entre o que a sociedade produz e os custos dessa produção.

os combates, mobilizando a economia de guerra; b) no pós-guerra, com as demandas de reconstrução.

Durante o período que configurou o auge da acumulação do excedente, e nas rebarbas das condições econômicas geradas pelo pós-guerra, as contradições e a tendência à crise, típicas do capitalismo, ainda não estavam completamente manifestas. No entanto, a tendência a externar os investimentos para além das fronteiras nacionais adquiria, outra vez, uma função proeminente, iniciando a passagem da internacionalização para a transnacionalização do capital. Nesse momento, as corporações tornaram-se tão gigantes que ganharam um controle quase definitivo sobre a política de preços no mercado mundial, ao mesmo tempo em que partiram para uma rodada sem precedentes de intensificação das inovações técnicas, o que aprofundou ainda mais o fosso de desigualdades, o que é constatável, especialmente, pelos custos da produção e pelas condições de produtividade. Isso criou oportunidades para o aumento da taxa de lucro e, portanto, para o crescimento do excedente econômico, a ponto de a empresa passar a não mais depender, da mesma forma, do capital bancário.

Baran e Sweezy avaliam que esses eventos foram afrouxando os laços que antes ligavam os grandes grupos de interesses. O poder do banqueiro investidor era baseado na necessidade que as primeiras grandes empresas tinham de financiar seus empreendimentos externos. Mais tarde, aparentemente, essa necessidade foi perdendo sua importância e quase desapareceu à medida que aquelas empresas já capitalizadas passaram a colher os lucros monopolistas e a atender suas novas necessidades financeiras com fundos criados internamente: "as empresas maiores conseguiram uma crescente independência tanto em relação aos banqueiros como aos acionistas dominantes, e suas políticas, dessa forma, ligaram-se em proporções cada vez maiores aos seus próprios interesses, ao invés de subordinarem-se às conveniências de um grupo" (BARAN e SWEEZY, 1974, p. 28).

Os autores ainda mencionaram que, sob o domínio do capital monopolista, a extração de lucros ocorreu em grande medida a partir de um esforço concentrado do Estado, que passou a deter uma série de novas funções a fim de garantir condições mínimas de reprodução do excedente econômico. Obras públicas, compras estatais, fortalecimento do setor terciário, gastos e intervenções militares foram exemplos de mobilização do poder do Estado na criação de espaços para a obtenção de lucro e inversão do capital sobreacumulado.

Baran e Sweezy apontaram para o fato de que a força do capital sobre o trabalho seria tamanha que a taxa de lucro, em grande medida, seria ampliada em razão do aumento da taxa de exploração, mais elevada quanto maior fosse o grau de monopólio, o que levaria a uma distribuição cada vez mais desigual em favor dos grandes monopólios, agravando a possibilidade de crise.

Nesse novo regime, marcado pela constante e acelerada transnacionalização do capital monopolista via atuação das gigantescas Sociedades Anônimas, os investimentos no exterior adquirem papel fundamental e apresentam-se como mecanismos de retroalimentação da produção do valor excedente e da capacidade de reprodução ampliada do próprio capital. Para Baran e Sweezy, a crise nesse período do capitalismo não seria expressa majoritariamente pela queda tendencial da taxa de lucro (embora os autores não a neguem). A questão seria, sobretudo, a incapacidade do excedente ser absorvido inteiramente pelo consumo, uma vez que essa capacidade de consumo não cresce na mesma proporção e velocidade que o excedente de mercadorias.

Por outro lado, o excedente não poderia ser todo reinvestido internamente, já que tal ação acabaria por criar uma capacidade ociosa significativa que não traria condições seguras de retorno lucrativo. Pressionado pela necessidade de encontrar uma saída lucrativa para a valorização do capital excedente, o capitalista recorre a uma saída tríplice: a) crescimento dos gastos com publicidade e campanha de vendas para estimular a exportação de mercadorias sobrantes e seu consumo interno, reduzindo a tendência à estagnação dos preços; b) financiamento para os gastos governamentais – particularmente o empréstimo para programas desenvolvimentistas; c) expansão dos gastos militares que, como visto, inclui um papel anticíclico importante na tendência à depressão, nesse caso legitimada pela Guerra Fria.

Ao contrário de Mandel, para Baran e Sweezy o crescimento do excedente e das margens de lucro dos monopólios geraria uma situação em que a contradição central do capitalismo deixaria de ser a tendência à queda da taxa de lucro e passaria a se identificar com o crescimento do excedente que não encontra possibilidade de realização, intensificando a tendência à estagnação. Em linguajar keynesiano, haveria uma tendência de redução da propensão marginal a consumir, uma vez que essa estrutura comprime a taxa de salário médio. Ou seja, o capitalismo tenderia à estagnação e, portanto, a crise ocorreria pela falta de demanda efetiva, que, em função da reduzida capacidade de consumo dos trabalhadores e dos limites cíclicos dos fatores externos de acumulação (gastos militares, campanha de vendas etc.), levaria, cedo ou tarde, a uma crise de estagnação da economia capitalista.

O imperialismo e a exportação desse capital apresentam-se como contratendência que atua em oposição à tendência que levaria à crise de estagnação. As implicações internacionais da política implantada em todo o planeta para favorecer o grande capital – o capital de monopólio – refletem-se em novas formas de imperialismo, materializadas pelo endividamento externo crescente dos países devedores (e do consequente processo inflacionário), pelo fomento a guerras e pelo aparelhamento do armamento nuclear, tendo como resultado a destruição ecológica e toda sorte de irracionalismo que o sistema capitalista normaliza.

As corporações monopolistas, submetidas a uma feroz concorrência pelo domínio de faixas cada vez maiores do mercado global, transformam-se em imensos conglomerados associados a vários Estados nacionais e a organismos multinacionais, ocupando todos os espaços de mediação política no nível federal dos países e em escala planetária, tomando o mundo nas mãos, a ponto de não restar mais qualquer via de reação capaz de ameaçar a nova ordem sistêmica estabelecida.

Marini: transferência de valor e Teoria Marxista da Dependência

Ruy Mauro Marini é o brasileiro mais destacado da recente (e muito bem-vinda) revisita à Teoria Marxista da Dependência (TMD), movimento teórico que hibernou muitos anos em razão da interdição imposta por muitos acadêmicos. Essa teoria é um esforço – em razão do fim das perspectivas da teoria cepalina,[7] que credita a possibilidade de superação do

---

7 Em referência à CEPAL (Comissão Especial para a América Latina e o Caribe), órgão muito importante criado no âmbito da ONU no fim dos

subdesenvolvimento apenas à industrialização – de compreender os elementos estruturais que mantêm economias como as latino-americanas em uma situação de dependência e subdesenvolvimento, a despeito do grau elevado de diversificação das estruturas produtivas dos países.

Mais do que a falência da industrialização brasileira nos anos 1960 e 1970 (não no sentido produtivo, mas na acepção de fracasso do projeto de superar a heterogeneidade estrutural e os demais aspectos da dependência e do subdesenvolvimento), eventos como a transnacionalização do capital em meio à acirrada concorrência intercapitalista, liderada pelos capitais japoneses, estadunidenses e alemães, também aparecem como pano de fundo dessa interpretação sobre as caraterísticas do desenvolvimento capitalista na América Latina.

Segundo Marisa Amaral, muitos autores compreendem a TMD como um complemento necessário às teorias do imperialismo, identificando que, embora necessárias, as análises anteriores foram insuficientes para a caracterização da outra face do imperialismo, a da dependência das economias exploradas pelo imperialismo. Para Amaral, ainda que Lenin, Bukharin e tantos outros já tivessem apontado as bases da dependência, esses autores "se limitaram à mera (mas não pouco importante) coonestação dos fenômenos sem um maior aprofundamento do ponto de vista categorial". A proposta da TMD era, portanto, "a de compreender e analisar os efeitos do processo de internacionalização

---

anos 1940 que foi fundamental para pensar a particularidade do subdesenvolvimento latino-americano. A referência aqui é aos primeiros estudos da CEPAL que atribuíram ênfase exagerada à possibilidade de que a industrialização periférica teria que romper com a situação de subdesenvolvimento, concedendo menos ênfase a elementos mais estruturais e políticos que envolvem a relação siamesa entre imperialismo e dependência.

na estrutura interna dos países considerados periféricos" (AMARAL, 2012, pp. 27-28).

A TMD, na lição de Marcelo Carcanholo, "é o termo pelo qual ficou conhecida a versão que interpreta, com base na teoria de Marx sobre o modo de produção capitalista, na teoria clássica do imperialismo e em algumas outras obras pioneiras sobre a relação centro–periferia na economia mundial, a condição dependente das sociedades periféricas como um desdobramento próprio da lógica de funcionamento da economia capitalista mundial" (CARCANHOLO, 2013, p. 192).

A TMD consagra-se como corrente interpretativa que recupera de Marx a base de operacionalização do modo de produção capitalista e avança para a compreensão de que as economias dependentes são uma consequência própria da lógica de funcionamento da economia capitalista em termos globais. Diferentemente da percepção simplista de que desenvolvimento e subdesenvolvimento partem de uma substância em comum, a TMD enxerga-os como constitutivos de uma mesma unidade dialética – são antagônicos e complementares porque levam a uma mesma lógica de acumulação. Em síntese, o modo de produção capitalista em escala global dá origem a dois tipos de economia que se desenvolvem em ritmos distintos.

De uma perspectiva que foca na totalidade e a partir da apreensão dialética do movimento da realidade, o subdesenvolvimento não só se origina, mas é parte necessária e constitutiva da expansão do capitalismo mundial, não podendo, assim, ser superado nos marcos desse modo de produção. Ruy Mauro Marini, em *A dialética da dependência* (2005), argumenta que, caso não houvesse essa interdependência, o desenvolvimento dos países centrais se realizaria em bases estritamente nacionais. Como o desenvolvimento industrial supõe uma grande disponibilidade de produtos agrícolas, a especialização alavancada pelo desenvolvimento das forças produtivas ocorreu a partir da forma como se operou a divisão internacional e o fornecimento de produtos dos países latino-americanos. Em um primeiro momento, com base na acumulação primitiva de capitais e, na sequência, em bases plenamente capitalistas. Nas palavras do autor, a industrialização nos países centrais "não poderia ter acontecido se estes não contassem com meios de subsistência de origem agropecuária, proporcionados de forma considerável pelos países latino-americanos. Isso foi o que permitiu aprofundar a divisão do trabalho e especializar os países industriais como produtores mundiais de manufaturas" (MARINI, 2005, p. 142).

Marini sugere que as funções cumpridas pela América Latina na internacionalização da economia capitalista ultrapassaram a mera resposta aos requisitos de indução da acumulação nos países centrais. Para ele, além de facilitar o crescimento quantitativo dos países do centro com base no fornecimento dos produtos primários, a participação das economias latino-americanas foi fundamental para a modificação do eixo da acumulação industrial global, que se deslocou da produção de mais-valia absoluta para a de mais-valia relativa. Marini busca demonstrar que a acumulação, no centro, passa a depender mais do aumento da capacidade produtiva do que da exploração física da jornada do trabalhador. "A inserção da América Latina na economia capitalista responde às exigências da passagem para a produção de mais-valia relativa nos países industriais" (MARINI, 2005, p. 145).

A dependência representa um quadro em que um dos polos dessa relação, a periferia, tem seu desenvolvimento e expansão condicionados pelo outro, o centro. Enquanto os países não dependentes teriam a prerrogativa de expandir-se de modo autossustentado, os países dependentes não a têm. Como essas economias são reflexas, uma imagem invertida em relação ao centro (mesmo que possam assumir formas de relativa autonomia interna), a possibilidade de transitar entre diferentes graus de dependência sem nunca alcançar a independência é o que restaria.

A proposta da TMD era compreender e analisar os efeitos desse processo de internacionalização não de modo geral ou abstrato, mas na estrutura interna dos países considerados periféricos. Segundo Marini, a TMD trata da relação entre nações formalmente independentes, mas que seguem um padrão em que as relações de produção e a condição de dependência vão sendo modificadas e recriadas com o transcurso histórico para assegurar a reprodução ampliada do capital.

Os teóricos da TMD formularam uma interpretação original que avançou nas mediações entre o particular e o universal. Para eles, a dependência é um conjunto de determinações concretas que precisam ser apreendidas dialeticamente entre o que possuem de universal (por serem parte do modo de produção capitalista com suas leis gerais e tendenciais) e de particular (como uma formação social que se torna capitalista a partir de uma via não clássica com determinações internas que produzem e reproduzem o capitalismo dependente). O universal e o particular não existem se excluindo; pelo contrário, são parte da mesma totalidade concreta.

O capitalismo *sui generis*, referido por Marini, não é menos capitalista ou "não plenamente desenvolvido". O capitalismo dependente não representa uma espécie de ausência, ainda que relativa, de capitalismo. A dependência é uma forma propriamente capitalista de subordinação internacional, diversa da dominação colonial. Ou seja, é um tipo particular, uma estrutura própria do modo capitalista de produção e reprodução.

Em linhas gerais, o capitalismo dependente define-se por três fatores: a) transferência de valor para o centro como dinâmica estrutural; b) superexploração do trabalho como elemento de compensação às burguesias nacionais; c) um tipo particular de ciclo de reprodução do capital no qual produção e consumo estão apartados.

Em relação ao primeiro fator determinante, a nova dinâmica estrutural caracteriza-se por uma parte da mais-valia produzida pela economia dependente não ser apropriada por ela, mas sim transferida às economias centrais, passando a integrar a dinâmica da acumulação de capital no centro em detrimento da periferia. Em rigoroso esforço metodológico, com base na análise da concorrência feita por Marx, Marini identifica que essa transferência de valor obedece aos diferenciais de produtividade do trabalho, em razão das distintas estruturas de composição orgânica do capital nos países centrais e nos dependentes. Assim, considerando o processo social de produção de mercadorias e com base na teoria do valor, é possível afirmar que cada um dos capitais possui valores individuais particulares que serão menores quanto maior for a produtividade e a composição orgânica do capital.

Como as mercadorias obedecem à lei do valor, os capitais com produtividade acima da média vendem suas mercadorias pelo valor de mercado, maior do que o preço de produção, apropriando-se de uma quantidade de mais-valia para além daquela proporcional à sua produção. Em função do tipo de colonização e da obstrução do desenvolvimento dos países latino-americanos, as economias dependentes possuem capitais que operam com produtividade abaixo da média global, o que as leva a produzir mais valor do que aquele que conseguem apropriar. A exploração desse desnível de produtividade é um primeiro mecanismo de transferência da mais-valia produzida nos países dependentes, mas apropriada pelo centro.

A segunda forma de transferência de valor tem relação com o processo de concorrência entre ramos distintos da produção, reflexo da entrada e saída de capitais nessas diferentes esferas, o que ocorre de acordo com a composição orgânica do capital e os diferenciais de taxa de lucro. Na concorrência, porém, esses capitais tendem a buscar uma equalização: os ramos menos produtivos transferem mais valor aos mais produtivos, na medida em que os preços de produção são maiores nos menos produtivos. Marini relaciona esse mecanismo ao monopólio da produção de mercadorias com maior composição orgânica do capital pelos capitais sediados nos países centrais.

A terceira forma de transferência de valor, sistematizada por Carcanholo (2013), deve-se ao elevado grau de monopólio que certos capitais dispõem em ramos específicos de produção. Quando determinados capitais têm um grau de monopólio razoável em seus mercados específicos, eles podem sustentar, temporariamente, volumes de produção abaixo da demanda e, portanto, cobrar preços superiores. Esses capitais podem se apropriar de um lucro acima da média, ou seja, uma massa de mais-valia apropriada para além daquela que foi produzida. A síntese é que os países dependentes, cuja produtividade aumenta em menor escala, ao produzirem e venderem suas mercadorias, transferem valor ao centro. Não se trata, dessa forma, de industrializá-los, uma vez que essa distorção ocorre, nos países dependentes, com produtividade menor; a industrialização não é condição suficiente para romper a dependência.

As trocas desiguais no comércio internacional também contribuem para conter a tendência à queda da taxa de lucro, circunstância já tratada por Marx no livro III de *O Capital* através do mecanismo de arbitragem de preço, que o autor chama de "iludir a lei do valor". Segundo Marini, as nações "trocam distintas classes de mercadorias, os meros fatos de que umas produzam bens que as outras não produzem, ou não o fazem com a mesma facilidade, permitem que as primeiras iludam a lei do valor, isto é, vendam seus produtos a preços superiores a seu valor, configurando assim uma troca desigual" (MARINI, 2005).

Além disso, com o fornecimento de produtos agrícolas com menor preço no mercado internacional, há um menor dispêndio do capital constante das unidades produtivas centrais, expresso pelo valor mais baixo das matérias-primas. A oferta de alimentos contribui para reduzir o valor da força de trabalho nos países centrais. Com a transferência dos recursos da periferia para o centro, o comércio internacional também contribuiu para frear a tendência de queda da taxa de lucro. Segundo Marini, é com "o aumento de uma massa de produtos cada vez mais baratos no mercado internacional que a América Latina não só alimenta a expansão quantitativa da produção capitalista nos países industriais, mas também contribui para que sejam superados os obstáculos que o caráter contraditório da acumulação de capital cria para essa expansão" (MARINI, 2005, p. 152).

Para ampliar ou manter sua taxa de lucro nessa situação estrutural de transferência de recursos, as burguesias dos países dependentes vão encontrar formas de compensação para corrigir o desequilíbrio entre o preço e o valor das suas mercadorias exportadas. No entanto, ao invés de um esforço redobrado de ampliação da capacidade produtiva e inovações técnicas para aumentar a produtividade do trabalho, a compensação se dará pela superexploração da força de trabalho. Desse modo, outro fator que caracteriza o capitalismo dependente é a superexploração, que se define como um processo em que a elevação da taxa de exploração não passa pela elevação da produtividade, mas pela potencialização da exploração do trabalhador.

Há quatro mecanismos em que se observa a superexploração do trabalho: na elevação da intensidade do trabalho, o prolongamento da jornada, no pagamento de salários inferiores aos correspondentes à força de trabalho e na ampliação do valor da força de trabalho sem o incremento salarial. O comum entre todos eles é que são negadas ao trabalhador as condições necessárias para repor o próprio desgaste da força de trabalho. Ocorre, assim, um esgotamento prematuro, particularmente em razão dos dois primeiros mecanismos, e um consumo abaixo do necessário para conservar e reproduzir a força de trabalho. Percebe-se, pois, que a superexploração do trabalho produz uma distribuição regressiva da renda e da riqueza, gerando mazelas sociais que aprofundam os efeitos da dependência.

No lugar de promover "um desenvolvimento que integre as camadas crescentes da população ao consumo – sobre a base do aumento da produtividade do trabalho –, o que predomina numa economia dependente são formas de superexploração do trabalho, que excluem as massas não apenas do consumo, mas também do emprego produtivo criado pela acumulação de capital" (MARINI, 2013, pp. 32-33).

Como o mercado interno fica atrofiado, já que o consumo é reduzido, a reprodução da dinâmica interna da acumulação depende de condições externas e isso implica a propensão à transferência de mais-valia para o centro, o que amplia problemas estruturais dessas economias dependentes (como, por exemplo, os desequilíbrios no balanço de pagamentos) e leva à tendência de ampliação do endividamento externo, o que provoca mais transferência para o exterior. Se, por um lado, a superexploração é o fundamento da dependência, por outro, apenas os dois últimos mecanismos mencionados são típicos das nações de capitalismo dependente. A superexploração é, em síntese, uma violação da lei do valor da força de trabalho.[8]

Outro fator determinante da situação de dependência é a forma particular que o ciclo do capital assume nos países periféricos, materializado em uma dupla cisão: os trabalhadores não consomem o que produzem e não produzem o que consomem. Se nas economias centrais a produção e o consumo caminham juntos, nos países dependentes, como o Brasil, eles assumem caminhos díspares. Como "nas economias dependentes a circulação é separada da produção, o consumo individual do trabalhador determina a mais-valia, mas não interfere na realização do produto, pois não é consumido por ele. "Do ponto de vista do mercado, ou da circulação de mercadorias, esse tipo de industrialização conduz a uma desproporção crescente entre produção e consumo" (MARINI, 2013, p. 39).

Na reprodução ampliada do capital, típica do imperialismo, a taxa de lucro acumulada nas condições dessa cisão faz com que as necessidades de consumo das elites sejam atendidas por meio de importações. A isso Marini dá o

---

8   Para mais detalhes: KATZ, C. *A Teoria da Dependência 50 anos depois*. São Paulo: Expressão Popular, 2020.

nome de esfera alta de consumo/circulação, contraposta à esfera baixa de consumo/produção, realizada pelo salário dos trabalhadores. A separação entre produção e consumo, portanto, não é mais ditada por condições externas, mas sim processada nos próprios limites nacionais. A periferia também se industrializou, mas para atender uma demanda pré-existente antes satisfeita pela produção externa.

Como existe essa separação, Marini avalia que as condições salariais dos trabalhadores não interferem na produção. O valor das manufaturas não determina o valor da força de trabalho, já que as manufaturas da esfera alta não fazem parte da cesta de consumo dos trabalhadores. A superexploração, logo, não provoca problemas na etapa de realização das mercadorias produzidas, o que dispensa os capitalistas de se preocuparem com o aumento da produtividade. É isso que explica como a introdução de tecnologia nas economias dependentes no pós-guerra possibilitou ampliar a produtividade e, mesmo assim, manter os salários deprimidos. Os bens produzidos por essa tecnologia não faziam parte do consumo dos trabalhadores e, portanto, não atingiam os produtores de bens de salário e não afetavam a mais-valia. E isso se retroalimentava, pois com a capacidade de consumo atrofiada, findavam os estímulos ao investimento tecnológico em setores que atendiam o consumo das camadas populares. Para Marini, a absorção das técnicas modernas de produção originadas pelo desenvolvimento industrial intensivo em capital no pós-guerra piorou as condições da superexploração: "ao expandir em ritmo acelerado o desemprego e o subemprego, ou seja, ao aumentar o exército industrial de reserva (condição *sine qua non* para manter a exploração do trabalho)". Ainda segundo ele, "a superexploração do trabalho atua por si mesma no sentido de aumentar a concentração do capital (na medida em que converte parte do fundo de salários em fundo de acumulação de capital) provocando, como contrapartida, pauperização das massas" (MARINI, 2013, p. 40).

Ocorre que o aumento do investimento nessas indústrias de maior tecnologia não encontra retorno, na sua totalidade, no mercado nacional. Assim, a indústria depara-se com problemas de realização, justamente pela superexploração do trabalho e pela atrofia do mercado interno, o que exige a ampliação dos mercados e, portanto, a abertura ao comércio externo pela via da exportação desses produtos manufaturados. A isso, Ruy Mauro Marini dá o nome de subimperialismo. Como a superexploração, o subimperialismo também é compreendido como uma compensação, no plano interno, das perdas sofridas nas relações estabelecidas em nível mundial.

Desse diagnóstico da cisão do ciclo do capital, Marini passa a avaliar que há um problema na sociedade dependente brasileira relacionado à realização do valor. Nesse quesito, ele abre divergência com os economistas que centram suas análises no campo da oferta.

Foi a partir da análise do problema da realização do capital-mercadoria no Brasil, que acontece essencialmente em função de um mercado interno atrofiado e da superexploração da força de trabalho, que Marini cunhou o conceito de subimperialismo. O subimperialismo é entendido também como uma forma de compensar o capitalista, no plano interno, das perdas sofridas nas relações estabelecidas com outras nações subordinadas ou centrais. Os capitais brasileiros (ou capitais estrangeiros lotados no nosso território), em função da incapacidade de realização do valor no mercado interno, precisam exportar essas mercadorias para outros países, tornando o Brasil um país que exerce funções subimperialistas na dinâmica global. A exportação de manufaturas surge, então, como uma resposta ao problema de realização e "implica que a esfera da circulação do capital gerada pelo setor industrial se desloque ao mercado mundial, revivendo sob novas formas a antiga economia exportadora de bens primários" (MARINI, 2013). O subimperialismo revela-se, portanto, como movimento construído a partir da "reestruturação do sistema capitalista mundial que deriva de uma nova divisão do trabalho" (aqui Marini refere-se ao pós-guerra e à transferência de parcela da indústria obsoleta dos países centrais para os países da periferia mais desenvolvidos do ponto de vista produtivo) e "a partir das leis próprias da economia dependente, essencial: a superexploração do trabalho; o divórcio entre as fases do ciclo do capital; a monopolização extremada; a integração do capital nacional ao capital estrangeiro, entre outros" (MARINI, 2013).

Ainda nas palavras do autor, "é possível afirmar que o subimperialismo corresponde, por um lado, ao surgimento de pontos intermediários na composição orgânica do capital em escala mundial, na medida em que aumenta a integração dos sistemas de produção, e, por outro, à chegada de uma economia dependente à fase do monopólio e do capital financeiro. Nesse sentido, em nossos dias, o Brasil se identifica como a mais pura expressão do subimperialismo" (MARINI, 2013, p. 41).

Há diversas críticas que podem ser feitas ao conceito de subimperialismo, principalmente pelo caráter excessivamente econômico de associar o imperialismo a um fenômeno de exportação (e, nesse caso, muito mais de manufaturas do que propriamente de capitais). Talvez a ênfase no subimperialismo brasileiro decorra de uma visão de imperialismo muito mais voltada a seus elementos de manifestação endógenos do que exógenos. Para Marini, as "consequências do conhecido símbolo gráfico que coloca o malvado Tio Sam manipulando suas marionetes não podem ser mais que denúncias lacrimosas e impotência indignada para a análise política e a estratégia de luta. Para lutar contra o imperialismo, é indispensável entender que não se trata de um fenômeno externo à sociedade latino-americana, mas que, pelo contrário, forma o terreno no qual essa sociedade finca suas raízes e constitui um elemento que a permeia em todos os seus aspectos" (MARINI, 2013).

Em relação ao tema da troca desigual, predominante entre os teóricos marxistas do imperialismo de sua época, Marini alinhou-se com quem rejeitava o enfoque dado especialmente por Emmanuel e, em alguma medida, por Amin. Em sua apresentação do ciclo dependente, Marini apontou que as transferências de mais-valia para as economias avançadas eram consequência das grandes desigualdades existentes nos níveis de desenvolvimento. Reconheceu, ainda, as importantes diferenças nos salários sem, contudo, vê-las como determinantes do abismo existente entre o centro e a periferia. Marini sempre esteve mais perto dos pensadores marxistas que destacavam essa dinâmica de concorrência diferenciada entre monopólios – como Mandel –, mantendo mais distância dos teóricos que sublinharam a capacidade das grandes empresas de lidar com os preços, como Sweezy (KATZ, 2020).

Em resumo, podem ser citados como elementos do fenômeno da dependência: a) superexploração da força de trabalho; b) transferência de valor para as economias centrais no plano do comércio internacional (troca desigual); c) remessa de mais-valia para as economias centrais sob outras formas (pagamento de juros e amortizações de dívidas, transferências de lucros e dividendos, pagamento de *royalties* etc.);

d) alta concentração de renda e riqueza; e) agravamento dos problemas sociais. Todavia, mais do que a presença desses cinco pontos, o que define a condição dependente é a articulação concreta entre eles, como se desenvolve o capitalismo dependente.

Amin: lei do valor mundializada e troca desigual

Encerramos o segundo capítulo com a lição do egípcio Samir Amin, uma vez que o autor apresenta uma série de teses para a análise que faremos na terceira e última parte deste livro. Como vários dos teóricos responsáveis por revitalizar o tema do imperialismo, Samir Amin foi um militante. Embora tenha sido filiado por alguns anos ao Partido Comunista Francês[9], Amin foi profundo conhecedor e estudioso dos movimentos de libertação nacional de caráter anti-imperialista, principalmente os do norte da África, tornando-se porta-voz do que, a despeito de sua vontade[10], ficou conhecido como teorias "terceiro-mundistas do imperialismo".

Além da vinculação estreita com as organizações políticas de países periféricos, Amin foi muito próximo do maoísmo. Crítico tanto do socialismo soviético como do eurocentrismo, defendeu a Revolução Chinesa e produziu uma série de reflexões sobre a realidade dos países e povos mais explorados do planeta. Para Amin, a renovação do pensamento

---

9 Samir Amin desenvolveu parte relevante de sua vida como intelectual na França.
10 No livro *Imperialismo e desenvolvimento desigual* (1987) o autor rejeita o conceito de "terceiro-mundismo".

marxista, "tem como causa o desenvolvimento das lutas de massa pelo socialismo, paralelo ao aprofundamento da crise do capitalismo, porque o desenvolvimento do marxismo não resulta jamais do progresso autônomo do pensamento acadêmico isolado da luta social" (AMIN, 1987, p. 12).

De sua vasta obra, destacamos três grandes referências teóricas como as mais significativas para os temas que tratamos aqui: *Imperialismo e comércio internacional (a troca desigual), O desenvolvimento desigual* e *Imperialismo e desenvolvimento desigual*.

Uma primeira consideração relevante é a de que Amin compreende o imperialismo como produto da forma de atuação da lei do valor operando em escala global. Para o autor, embora o imperialismo tenha experimentado na Europa uma primeira fase marcada pelo mercantilismo das grandes navegações e pela conquista da América no período de transição entre modos de produção, ainda assim trata-se de um fenômeno tipicamente capitalista. O imperialismo se consolida e configura na segunda fase, com o desenvolvimento da Revolução Industrial inglesa e a inauguração de um comércio internacional em bases plenamente capitalistas. Amin diz que o imperialismo "não é um estágio – nem mesmo o estágio supremo – do capitalismo. Ele é, desde a origem, imanente à sua expansão" (AMIN, 2005, p. 84).

Dessa forma, o imperialismo tem origem nos desníveis e nas desigualdades entre regiões derivadas da lógica própria de expansão capitalista. É, portanto, um mecanismo de consolidação dessas desigualdades que, acompanhado principalmente do advento da fase monopolista, concretiza um esquema de segregação. Para explicar esse fenômeno, o autor enfatiza categorias originais como centro e periferia.

Amin traz à tona quatro elementos que fornecem a base da edificação desses desníveis internacionais. O primeiro é que o capitalismo se desenvolve internacionalmente, certo que o setor industrial apresenta-se como o de progresso mais célere e intenso, o que já aprofunda desigualdades do ponto de vista produtivo em relação aos países que têm no setor primário seu principal suporte. O segundo é que os fluxos de capital e de mercadorias que rumam do centro para a periferia causam um aprofundamento das desigualdades da produtividade e do consumo em benefício dos países centrais. O terceiro é que os termos de intercâmbio se deterioram, com prejuízos para os produtos ofertados pela periferia, ao contrário do equilíbrio de preços que advogava a teoria das vantagens comparativas. Por fim, como os salários permanecem mais baixos na periferia do que no centro, aprofunda-se o desnível e a troca desigual, potencializada pela ação do capital monopolista.

Para Amin, o que tornou possível a desigualdade e a perpetuação da relação de produção e reprodução do centro e da periferia (a despeito da industrialização e do relativo desenvolvimento que esses últimos países obtiveram, especialmente na década de 1960) foi a dinâmica da lei do valor: "uma forma particular da lei do valor mundializado (que eu distingo da lei do valor em geral) definida por esse contraste governava então a reprodução do sistema em sua totalidade" (AMIN, 2005, p. 87). Com isso, o autor faz referência ao fato de que a internacionalização do capitalismo universaliza a mobilidade do capital e das mercadorias, mas não a mobilidade da força de trabalho; assim aproxima-se da análise de Mandel, ainda que discorde da tese de que não existiria uma tendência ao nivelamento da taxa média de lucro.

Portanto, para Amin, os fluxos migratórios estão longe de equiparar-se ao alto ritmo de movimento que caracteriza o fluxo de dinheiro ou de bens (KATZ, 2020). É a abundância de mão de obra dos países periféricos – e sua relativa imobilidade em comparação com o deslocamento vertiginoso do capital e das mercadorias – que abre condições para a ocorrência de lucros extraordinários concomitantemente à máxima exploração do trabalho. Por isso, mesmo onde foram mais significativos os progressos da industrialização, as periferias continuaram a ser gigantescas "reservas". Proporções variáveis e bastante importantes da força de trabalho dessas regiões são empregadas (quando o são) em atividades de baixa produtividade. A razão disso está nas políticas de modernização – ou seja, nas tentativas de recuperação do atraso – que impõem escolhas tecnológicas (com o objetivo de maior eficácia e competitividade) que são extremamente custosas em especial diante de recursos escassos (capital e mão de obra qualificada).

Essa distorção sistemática é agravada a cada vez que a modernização é combinada com desigualdade crescente na distribuição da renda (AMIN, 2005). Nos países periféricos há um exército industrial de reserva permanente em razão da incapacidade da economia de absorver os trabalhadores em atividades de maior valor adicionado, o que barateia os salários. Dessa forma, os capitalistas das regiões centrais, ao instalarem plantas produtivas na periferia, lucram com as diferenças salariais que são superiores às diferenças de produtividades.

É dessa constatação que Samir Amin deriva a sua original teoria da troca desigual. Para ele, a periferia transfere valor para o centro em função das diferenças salariais – ou seja, do pagamento distinto por hora de trabalho – em setores com diferentes produtividades e em setores com produtividade análoga. Para o autor, produtividades do trabalho distintas, que derivam de composições orgânicas do capital também diversas, resultarão em trocas desiguais entre o centro e a periferia. Além da produtividade ser menor na periferia, as remunerações são proporcionalmente menores que os índices de produtividade, o que agrava as desigualdades.

Em síntese, nos países subdesenvolvidos, as mercadorias produzidas eram trocadas por uma quantidade menor de valor do que elas de fato continham, ao passo que nos países desenvolvidos o oposto sucederia (OSÓRIO, 2020). O teórico egípcio analisou especificamente as conexões entre a troca desigual e o funcionamento mundializado da lei do valor. Ressaltou, ainda, que as economias avançadas absorvem mais-valia das economias atrasadas, como resultado de seu maior desenvolvimento – ou seja, composição orgânica de capital superior (KATZ 2020).

Para Samir Amin, realmente novo na época dos monopólios e da exportação de capitais é a possibilidade de pagamento diferenciado para trabalhadores que operam uma mesma máquina e produzem a mesma mercadoria sob as mesmas condições de produtividade. Sua avaliação da troca desigual é que há, de um lado, uma tendência à predominância dos valores mundiais sobre os valores nacionais, o que resulta da progressiva universalização progressiva do processo de produção; de outro, uma tendência de desvio crescente das taxas de exploração dos trabalhadores do centro e da periferia – o que, nesse último caso, contraria Bukharin e a análise da pretensa tendência à equalização da taxa de salários (AMIN, 1987).

Assim, não somente porque a produtividade é distinta, mas também porque a possibilidade de pagamento é menor em países periféricos, levando em consideração setores com a mesma composição orgânica, é central para o autor estudar a troca desigual e a transferência de valor para o centro. Amin toma como exemplo o setor agroexportador dos países periféricos, operando com elevada composição orgânica do capital e, portanto, altamente produtivo. Como na hipótese original de Arghiri Emmanuel – um dos principais autores que abordam a troca desigual –, mesmo nesses setores, caso a produção ocorresse nas condições de remuneração da força de trabalho vigentes no centro, isso aumentaria os custos de produção e, portanto, influenciaria as taxas de salário. Desse modo, caso os países centrais fossem exportadores de produtos primários, nas mesmas condições tecnológicas que esses são exportados na periferia, a troca desigual praticamente desapareceria. É isso que leva Amin a afirmar que a troca desigual se perpetua porque, mesmo em setores com elevada produtividade, "na periferia, as remunerações são proporcionalmente muito mais débeis do que as produtividades" (AMIN, 1972, p. 82).

Amin traça várias comparações entre os setores capitalistas industriais de economias periféricas e das economias centrais a fim de comprovar a hipótese de que as remunerações são distintas mesmo se a atividade ocorrer no mesmo setor e até em uma mesma empresa. Há diferenças salariais substanciais entre o que é pago aos trabalhadores da empresa matriz e de suas filiais, ainda que a tecnologia empregada seja absolutamente a mesma, o que confirma serem distintos os graus de exploração e remuneração da mão de obra que conferem concretude à troca desigual. Por isso, Amin afirma que "a crescente mundialização dos processos produtivos restringe a validade das análises relativas às trocas internacionais, obrigando que se vá sempre mais adiante nos fenômenos, de modo a alcançar a essência do problema: as relações de exploração em escala mundial. Em vez de troca desigual, mais valeria, pois, falar-se de 'condições desiguais de exploração'" (AMIN, 1987, p. 124).

Além das "condições desiguais de exploração", há outros fenômenos que reforçam a troca desigual, sendo o principal deles a existência dos monopólios. Amin descreveu cinco formas contemporâneas em que a existência dos monopólios contribui para agravar a desigualdade em escala global e reafirmar o mecanismo de transferência de valor em razão da troca desigual: a) controle da tecnologia; b) controle dos fluxos financeiros; c) controle das reservas de recursos naturais; d) controle e incidência mundial de mecanismos de comunicação que reafirmam o domínio nos níveis ideológico e cultural; e) manutenção de uma estrutura militarizada na qual o principal polo do imperialismo, os Estados Unidos, mantém sob controle armas de destruição em massa.

Amin também faz referência à extração de superlucros, mas esses não derivariam do excedente e sim da segmentação das economias centrais e periféricas. Em sua obra, há outros elementos que ilustram hipóteses de trocas desiguais. A dependência tecnológica, por exemplo, está entre esses elementos, uma vez que os monopólios, ao concentrarem o progresso técnico, obrigam as periferias a arcar com elevadas transferências sob a rubrica de patentes, rendas por direitos de propriedades, lucros por participações a título de invenções e propriedade intelectual, serviço pós-venda, compras de peças de reposição, *royalties* etc. (PEREIRA, 2019).

Para o autor egípcio, a lei do valor mundializada se expressa no contexto mais geral dos cinco monopólios apontados acima que, por sua vez, não podem ser devidamente compreendidos por uma análise meramente economicista, apartada de suas condições sociais e políticas relacionadas à luta de classes. Para ele, as condicionantes da troca que obstruem o alcance da industrialização das periferias e desvalorizam o trabalho produtivo incorporado ao processo produtivo interno geram uma nova hierarquia na repartição da renda em escala global.

As relações entre centro e periferia são e continuarão a ser assimétricas no capitalismo imperialista porque os países centrais são autocêntricos, ou seja, constroem um padrão de desenvolvimento econômico voltado ao mercado interno e integrado ao mercado global que está sob o seu comando. Já os países periféricos têm o que o autor chamou de economias extrovertidas, caracterizadas pelo domínio do setor exportador sobre a produção para o consumo interno e integradas ao mercado externo de forma passiva. São essas características do centro e da periferia que, ao multiplicarem as causas da troca desigual, desarticulam as economias subdesenvolvidas.

Se nas economias autocêntricas a acumulação de capitais leva a um processo de expansão dos salários reais, visando superar a contradição entre produção e consumo, nas economias extrovertidas a acumulação depende do mercado externo e o crescimento dos salários torna-se inviável. Compelida a uma especialização desigual, o crescimento da periferia mantém-se bloqueado; seu papel é abastecer o centro com força de trabalho de baixo custo, produtos agrícolas e matéria-prima.

Por conseguinte, a mão de obra barata é o fator de integração dos Estados marginais ao sistema internacional (AMIN, 1976). Nas palavras do autor, "a tendência do sistema imperialista dirige-se para o aprofundamento do desenvolvimento desigual. No centro, a formação social tende a se reduzir ao modo de produção capitalista, os setores 'atrasados' são progressivamente eliminados; e a aliança social-democrata fica mais forte quanto mais avança tal eliminação. Na periferia, ao contrário, a submissão formal estende-se aos setores até então independentes, impondo, em consequência, limites estreitos ao desenvolvimento das forças produtivas" (AMIN, 1987, p. 105).

Para Amin, o que torna possível a troca desigual e a perpetuação das desigualdades em escala global é o avanço do capitalismo, em sua primeira fase, em direção às nações que ainda não haviam se tornado capitalistas (e esse fenômeno persiste). Ou seja, para ele, a expropriação é possível devido à convergência de distintas formações econômicas e sociais que coexistem em um mesmo mercado mundial. Segundo Amin, existiria um erro metodológico de partida em vários teóricos do desenvolvimento e do subdesenvolvimento: a premissa de que todas as formações sociais envolvidas eram plenamente capitalistas, diferenciando-se apenas no grau de desenvolvimento econômico. O correto, para ele, seria considerar o comércio internacional composto não por economias capitalistas em diferentes estágios de desenvolvimento, mas sim por formações sociais e econômicas de distintos modos de produção. Apesar disso, Amin não é um discípulo de Rosa Luxemburgo e nega que o capitalismo precise de áreas externas. Como já dito, a troca desigual ocorre em razão da existência de graus distintos de exploração do trabalho (AMIN, 1987).

Ainda segundo ele, há, no mercado internacional, uma economia autenticamente capitalista – o capitalismo não só é predominante como também exclusivo – e outra bastante diferente, uma formação social onde o capitalismo penetra timidamente e não se torna exclusivo, não se homogeneíza, estabelecendo-se essencialmente nos setores voltados ao mercado externo, o que acaba por garantir a perpetuação de relações sociais de produção diversas das capitalistas nos demais setores produtivos, especialmente naqueles dedicados à produção de gêneros alimentícios para o mercado interno, os chamados setores de subsistência. Portanto, tudo se passa como se o processo de acumulação primitiva narrado por Marx não tivesse ainda terminado (PEREIRA, 2019).

Sobre a caracterização do imperialismo, Amin aponta para uma mudança, denominada por ele como terceira fase do imperialismo que se situa no imediato pós-Segunda Guerra e que vai dar corpo à figura do "imperialismo coletivo". Tal denominação foi utilizada para expressar as transformações na dinâmica global com a ascensão dos Estados Unidos como principal potência imperialista mundial, que, no entanto, exerce o poder em conjunto com outros países, especialmente Alemanha e Japão (com suas céleres recuperações produtivas inseridas no Plano Marshall).

O imperialismo coletivo tornou-se realidade menos por condicionantes ligados à constituição de uma classe dominante ou Estado global do que por um arranjo que criava melhores condições para a transnacionalização do capital como mecanismo de gerenciamento de empresas em um mercado, agora com dimensões planetárias. Amin observou que o novo sistema adaptou as rivalidades econômicas a uma gestão político-militar compartilhada pelas grandes potências. Ele ressaltou, também, a ampla aceitação do patrocínio bélico exercido pelos Estados Unidos a partir do cenário criado pela Guerra Fria, mas atribuiu o surgimento do imperialismo coletivo menos à existência da União Soviética e mais à necessidade de administrar uma economia capitalista mundializada e ameaçada por desequilíbrios e desafios populares maiores (KATZ, 2020).

PARTE III
O IMPERIALISMO DO NOSSO TEMPO

Chegamos à terceira parte do livro. Aqui propomos um esforço preambular e sistemático para o estudo do imperialismo contemporâneo. Neste capítulo, o leitor talvez sinta falta de referências bibliográficas, de citação de alguns autores capazes de resumir a problemática ou de teses que gozem de relativo consenso entre marxistas que abordam o tema, mas essa foi uma escolha metodológica, teórica e também política. Busca-se, portanto, apresentar um texto introdutório, o que, por si só, explica escolhas e ausências.

O imperialismo contemporâneo: a crise da década de 1970

É relativamente consensual entre autores de diversas matrizes teóricas a avaliação de que nos anos 1970 o capitalismo global passou por uma inflexão significativa, transitando para uma nova fase em seu regime de acumulação com características políticas e de organização econômica bastante diferenciadas das que o organizaram no período anterior. Ao longo de sua história, o capitalismo manteve suas principais características, mas foi atravessado por contradições que, a cada tempo histórico (a depender sobretudo do grau da correlação de forças entre capital e trabalho), apresentaram-se distintas. Captar as características predominantes em cada fase ou subfase desse modo de produção é essencial para o entendimento em sua totalidade, tão caro aos marxistas.

Com isso, voltamos ao já mencionado pacto político firmado em Breton Woods que selou o fim da Segunda Guerra Mundial e abriu caminho para um capitalismo mais "domesticado" em que conviveram, com relativa harmonia, os interesses do capital e do trabalho. Ocorre que, vale sempre dizer, o capitalismo pode adiar, mas não contornar inteiramente a manifestação de suas crises cíclicas.

Alguns elementos concorrem para explicar a crise do início dos anos 1970 que suplantou o arranjo dos "anos dourados" e abriu uma janela histórica para a ofensiva conservadora e neoliberal. Segundo Brenner, o principal elemento que explica essa crise foi a tendência à queda da taxa de lucro por excesso de capacidade ociosa no setor manufatureiro (portanto, de sobreacumulação) combinada com a redução da taxa de lucro das empresas não financeiras (BRENNER, 2003) – o que já havia sido teorizado por Marx. A Lei da Queda Tendencial da Taxa de Lucro indica que a busca da maior lucratividade possível a partir da expansão da produtividade cria dificuldades crescentes para a produção da mais-valia em escala social (MIRANDA, 2021).

Paradoxalmente, a mesma tendência à elevação dos lucros pode gerar o inverso, a queda dos lucros. Ao findarem os grandes estímulos produzidos pela necessidade de recuperar regiões inteiras afetadas pela guerra, reduziu-se a demanda por novos investimentos, o que contraiu a taxa de lucros e a capacidade de inversão produtiva. A melhoria das condições salariais e o pleno emprego também elevaram o custo unitário dos salários, reduzindo a margem do montante apropriado na forma de lucro. Além disso, a concorrência intercapitalista, intensificada no pós-guerra, gerou pressão por mudanças tecnológicas céleres, o que aumentou o montante gasto em capital constante e reduziu o total dispendido na força de trabalho, única mercadoria capaz de adicionar mais-valia. Com a impossibilidade de o capital realizar a sua própria natureza, ou seja, do capital se valorizar em um processo de autoexpansão permanente, manifesta-se a crise no modo de produção capitalista. Sempre que esse processo entra em desordem, afloram as crises de caráter cíclico.

Seguindo a tradição marxista do ponto de vista metodológico, é possível afirmar que, para compreender as crises do capitalismo, não basta dedicar atenção apenas às questões macroeconômicas – como fica evidente na recorrente afirmação de que a crise teria sido decorrência do processo inflacionário desencadeado com o primeiro choque do petróleo em 1973. É preciso um esforço de identificação das condições historicamente necessárias para a eclosão dessa crise e, para isso, é primordial a análise do padrão de acumulação do ciclo anterior. Cada fase do ciclo econômico foi gerada pela fase anterior.

A crise dos anos 1970 foi motivada, especialmente, pela queda da taxa de lucro e pelo crescimento de um mercado financeiro paralelo ao dos Estados Unidos. A crise ganhou contornos de estagflação – ou seja, estagnação econômica com elevada inflação – e foi usada, do ponto de vista ideológico, pelos novos pensadores liberais no questionamento do Estado keynesiano, regulador e garantidor das políticas de bem-estar social, abrindo espaço para uma concepção política e econômica que passou a ser conhecida como neoliberalismo. Essa corrente foi amparada em algumas experiências governamentais, com destaque para a chilena e a argentina ainda no início da década, e, em seguida, com as ascensões de Margaret Thatcher, na Inglaterra, Ronald Reagan, nos Estados Unidos, e Helmut Kohl, na Alemanha.

A crise econômica abriu precedentes históricos, materiais, objetivos e subjetivos para a experimentação de um novo modo de coordenação política, de uma nova concepção do papel dos Estados nacionais e de um novo padrão de acumulação de capital, agora centrado na hegemonia das finanças e na exacerbação dos fluxos comerciais. Iniciou-se o que podemos chamar de nova fase do imperialismo com diferenças significativas em relação à globalização do século XIX. Contudo, mais uma vez, as finanças e a busca de novas fronteiras de acumulação, para além do espaço das economias nacionais, tiveram centralidade. Assim, a expansão econômica externa, centrada na ideia de globalização produtiva[1], foi parte primordial do novo movimento de acumulação em escala global que se origina de uma dificuldade de expansão por parte da esfera produtiva-real das economias capitalistas centrais, especialmente diante da insuficiência de demanda agregada. Como resultado, o descolamento de recursos da esfera produtivo-real para a esfera financeira

---

1 A globalização produtiva pode ser definida como a interação de três processos distintos que têm ocorrido ao longo dos últimos vinte anos e afetam as dimensões financeira, produtiva-real, comercial e tecnológica das relações econômicas internacionais. Esses processos são: a expansão extraordinária dos fluxos internacionais de bens, serviços e capitais; o acirramento da concorrência nos mercados internacionais; e a maior integração entre os sistemas econômicos nacionais.

e, logo, um efeito de expansão dos mercados de capitais domésticos e internacionais.

A razão para essa inflexão política e econômica repousa no diagnóstico do constrangimento à acumulação do capital na esfera real. Por isso, o neoliberalismo será uma ofensiva de restauração da renda e do patrimônio das classes dominantes que, em função da taxa de inflação estar mais elevada do que a de juros e de haver queda da distribuição de dividendos aos acionistas, tiveram seus rendimentos comprimidos (DUMÉNIL e LÉVY, 2004).

É possível afirmar que a virada neoliberal está associada à tentativa de restauração e reconstrução do poder das elites econômicas (HARVEY, 2008). As restrições à expansão dos ganhos dos mais ricos estavam seladas no acordo do pós-guerra, sinalizando que o trabalho receberia uma parcela bem mais ampla do bolo econômico e cresceria com o aumento da parcela produtiva. Nos Estados Unidos, por exemplo, a parcela da renda nacional que pertencia aos mais ricos (1% da população) caiu de uma taxa de 16%, antes da Segunda Guerra Mundial, para menos de 8%, no pós-Guerra, o que justifica a insatisfação das elites com o capitalismo "regulado" (HARVEY, 2008).

O neoliberalismo vai se consolidar no plano internacional, simultaneamente à retomada da hegemonia e do poder imperial pelos Estados Unidos, que encontrou solo fértil com o fim da Guerra Fria e das experiências do chamado "socialismo real" no Leste Europeu. Esse período marcou o início da supremacia neoliberal que pregava o "fim da história" (a ausência de alternativas ao capitalismo) e difundia a crença no poder pacífico e eficiente dos mercados, do capitalismo e da globalização econômica, liderada pelo governo estadunidense. Segundo José Luís Fiori, nessa época, surgiu um "vasto complexo de interesses e projetos que eu chamo de império, e que consiste numa rede de bases navais permanentes, guarnições, bases aéreas, postos de espionagem e enclaves estratégicos em todos os continentes do globo" (FIORI, 2011, p. 23).

O movimento de criação de um mercado financeiro paralelo, com depósitos especialmente dos países socialistas no sistema *offshore*, restringiu o controle monetário-financeiro dos Estados Unidos, que vivenciavam um período de perda de hegemonia na estrutura produtiva e de ofensiva no questionamento do dólar como a moeda de curso forçado no comércio internacional. Buscando retomar seu espaço em termos político-econômicos e militares, os Estados Unidos iniciaram, no final dos anos 1970, um movimento de inflexão política com o objetivo de afirmar seu posto de nação hegemônica e imperialista global. Segundo Maria da Conceição Tavares e Luiz Eduardo Melin, as crises que geraram instabilidade na economia nos anos 1970 foram sucedidas por dois movimentos de reafirmação da soberania estadunidense: o primeiro ocorre no que os autores denominam de plano geoeconômico, marcado pela diplomacia do dólar forte; o segundo, no plano da geopolítica, foi compreendido pela diplomacia das armas, que atestava uma transformação profunda no funcionamento e na hierarquia das relações internacionais, especialmente no que diz respeito a uma segunda fase da Guerra Fria (TAVARES e MELIN, 1997).

O primeiro elemento citado pelos autores advém da ação unilateral dos Estados Unidos em 1979 com a elevação abrupta de sua taxa de juros, cujo propósito era preservar a função de reserva de sua moeda nacional. Segundo Luiz Gonzaga de Mello Belluzzo, ao impor a regeneração do papel do dólar como reserva universal através de uma elevação abrupta das taxas de juros, os Estados Unidos deram um golpe nas convenções que outrora sustentaram a relativa estabilidade da era keynesiana (BELLUZO, 1995). Nessa fase, caracterizada pela transição para a internacionalização financeira, o imperialismo praticado pelos Estados Unidos agigantou-se, ainda mais, ao comandar esse processo por meio de suas empresas multinacionais e deter a soberania financeira em relação aos demais países, além do poderio bélico que não encontrava paralelo (RODRIGUES, 2017).

Com essa decisão, a condução da política monetária pelos estadunidenses ganhou uma função muito mais relevante do que a disciplina de capitais que esteve sob a vigência do acordo de Bretton Woods. O processo de monopolização da produção e da distribuição – mediante ação das corporações transnacionais – comprimiu muito a parcela de soberania que cabia às políticas nacionais (POCHMANN, 2016). Para Tavares e Melin, as atividades vinculadas à diplomacia do dólar não tinham apenas caráter econômico, destinando-se também a enquadrar politicamente os sócios e principais competidores na disputa intercapitalista (TAVARES e MELIN, 1997). Segundo Fiori, ao "elevar as taxas de juros, o Banco Central Americano (FED) retomou o controle do sistema, fazendo com que o crédito interbancário fosse orientado pelas políticas monetárias norte-americanas, prática essa tipicamente hegemônica" (FIORI, 2003, p. 212).

O choque de juros de 1979 ainda se somaria ao segundo choque de petróleo, também no mesmo ano, o que trouxe mais peso à política restritiva subsequente, provocando uma violenta valorização da moeda estadunidense e forçando, assim, sucessivas desvalorizações de todas as demais moedas nacionais (TAVARES e MELIN, 1997). Ao manter uma política monetária dura e com forte valorização do dólar, o FED retomou o controle dos seus próprios bancos e do sistema bancário internacional como um todo. Desde então, o sistema de crédito interbancário se orientou para os Estados Unidos, que retomaram o comando político e monetário global com o FED ditando as regras do jogo mundial (FIORI, 2011).

Essa política de restauração da hegemonia do dólar como a principal moeda do mundo teve um alto custo político e econômico. Do ponto de vista político, acarretou a perda da soberania econômica dos países da periferia, como veremos adiante, e, do ponto de vista econômico, foi responsável por uma recessão mundial que durou três anos (TAVARES, 1985).

O movimento de retomada da hegemonia estadunidense não pode ser compreendido apenas por seu aspecto econômico. É importante também considerar o redesenho das novas relações político-econômicas dos Estados Unidos com o restante do globo. Há, nesse momento, um novo processo estrutural de transformação do modo de produção capitalista. Dois movimentos asseguraram a supremacia estadunidense: o dólar forte e a recomposição das ações militares – que não foram apenas uma resposta pragmática ou reativa à crise dos anos 1970, mas sim decisões políticas e econômicas que estavam sendo amadurecidas e encontraram condições de consolidação com a vitória política de Ronald Reagan nos Estados Unidos.

Imperialismo e financeirização

O grande debate sobre as contradições endógenas que desencadearam a crise dos anos 1970 diz respeito ao que seria uma nova etapa ou um novo regime de acumulação no capitalismo. Isso se deu a partir de profundas mudanças no campo técnico-científico, produtivo e político, mas sobretudo no regime de acumulação que ganhou primazia com a crise, a chamada financeirização, ou, em termos marxistas, a hegemonia do capital portador de juros e de sua forma autonomizada, o capital financeiro, em detrimento do capital industrial.

Lembremos que, a partir da identificação da crise, ficou em evidência a perspectiva da sobreacumulação de capitais concomitantemente à queda da taxa de lucro. Em um espaço de saturação da esfera produtiva, sobretudo doméstica, em função de elevada concorrência e da composição orgânica do capital (achatando ainda mais a taxa de lucro), esse capital precisou encontrar saídas para sua valorização. Diversamente da crise anterior, nos anos 1930 (também com características de sobreacumulação), a crise dos anos 1970 não se deu em meio a uma grande guerra que permitisse queimar o estoque de capital, nem contou com uma grande revolução tecnológica, como a que potencializou a indústria automobilística, para maximizar a capacidade de novas inversões produtivas.

É a partir desse quadro de crise que a financeirização surge como espaço para dar vazão a esse capital sobreacumulado. Vale registrar que a financeirização não surgiu nos anos 1960 e 1970. Desde o século XIX, o refúgio nas finanças tem sido o recurso do capitalismo para lidar com suas crises cíclicas. A diferença, talvez, repouse nas proporções de uma autonomização relativa tendo em vista a esfera real. Segundo Flávio Ferreira de Miranda, a grande novidade histórica desse período reside no deslocamento, em escala sem precedentes, da esfera financeira na produção de mais-valia

(MIRANDA, 2021). Uma autonomização quase plena da esfera financeira com relação à produção de riqueza, portanto.

Os pilares para o avanço da financeirização já estavam consolidados com o desenvolvimento de um setor financeiro *offshore* voltado para depósitos dos saldos comerciais dos países socialistas fora do campo de controle dos Estados Unidos e intensificado tanto com o fim da paridade ouro-dólar em 1971, que acabou com o lastro metálico da moeda, como com o "golpe dos juros", que drenou os recursos financeiros novamente para o controle estadunidense. A partir daí, financeirização, neoliberalismo e imperialismo integraram-se numa grande tríade e avançaram sobre os demais territórios na busca de desregulamentação e aberturas comerciais e financeiras, além de enfraquecer os Estados nacionais e suas respectivas legislações trabalhistas.

Amin é outro autor que parte da análise de que nos anos 1970 existia uma parcela crescente do excedente que não podia mais ser investida na expansão e no fortalecimento dos sistemas produtivos. Dessa forma, o investimento financeiro do excedente foi a única alternativa possível para a continuidade da acumulação sob o controle dos monopólios. Para o autor, essa financeirização – que acentua o crescimento da distribuição desigual da renda e da riqueza – gera um crescimento do excedente que a retroalimenta. Segundo Amin, isso não foi só uma saída para a crise, mas também a permissão para que os investimentos financeiros seguissem crescendo a taxas espantosas – como no período atual – continuamente desproporcionais às taxas de crescimento do produto bruto ou às taxas de investimento. O crescimento alucinante dos investimentos financeiros requer também o crescimento das dívidas de todas as formas, em particular das dívidas soberanas, que são meios financeiramente atraentes para absorver o excedente das rendas monopolistas.

As finanças se tornaram o modo de existência e reprodução do capital no neoliberalismo. A proeminência da financeirização expressa a subsunção real dos capitais individuais ao capital como um todo, que se concretiza e, ao mesmo tempo, impõe-se através do funcionamento regular das instituições financeiras e dos mercados e regulamentações anexos a elas (SAAD FILHO, 2015).

Os mercados financeiros passaram por uma forte onda de inovação e desregulação no plano internacional, além de transformarem-se em instrumentos fundamentais de coordenação e controle dos países, oferecendo meios de obtenção e concentração de riqueza; constituíram-se em meios privilegiados de restauração do poder de classe. Todo esse processo tem sido reforçado pelas aceleradas transformações nas esferas institucionais, que expandiram e intensificaram a influência das finanças sob nova coordenação estatal e influência ideológica (DUMÉNIL e LÉVY, 2004).

Um dos autores que trata da financeirização como saída da crise e impulso à nova forma de atuação do imperialismo é François Chesnais. O principal tema norteador de sua pesquisa é o funcionamento do novo regime de acumulação com dominância financeira, destacando-se o papel do capital portador de juros e do capital fictício no recorrente estouro de bolhas financeiras. Para ele, a financeirização é um processo que envolve a reordenação do processo de acumulação de capital, tendo como elemento principal a valorização financeira em uma busca constante de submissão da estrutura produtiva aos intentos da esfera das finanças. As características que melhor definem esse processo são identificadas pelo autor como: a) autonomia da esfera financeira em relação à esfera produtiva e ao controle estatal; b) o fetichismo próprio que envolve as formas de valorização do capital de natureza financeira, dado seu caráter altamente abstrato e fictício; c) o crescente poder dos "operadores financeiros" para ditar os rumos da economia (CHESNAIS, 2005).

Note-se, porém, que para existir o conjunto de mudanças que conferiram à esfera financeira essa autonomia relativa da esfera real, conformando a fase que denominamos de financeirização, um conjunto de transformações pregressas precisaram ser realizadas. Chesnais, Duménil e Lévy citam as transformações materiais que abriram espaço para as mudanças rumo à financeirização e incluem a possibilidade de um capital "fazer dinheiro" sem necessariamente sair da esfera financeira, sob a forma de juros, empréstimos, dividendos ou outros pagamentos recebidos a título de posse de ações em meio ao processo especulativo. Essas transformações ocorreram no âmbito da crise dos anos 1970 e marcaram a vitória política das forças que constrangeram as economias nacionais a ampliar a liberdade para acumulação e circulação do capital em sentido amplo, sobretudo aquele que estava mais subjugado pelos ditames de Bretton Woods, o capital financeiro.

Nesse processo, o Estado, igualmente reestruturado, orienta-se cada vez mais pela tarefa de garantir a manutenção da valorização financeira. Ao conservar sua capacidade de disciplinar o trabalho e impulsionar os fluxos de ativos nos mercados financeiros (por meio da emissão de dívidas e de outros mecanismos vinculados à sua função de arrecadador central de impostos e gestor da política monetária), ele privatiza inúmeros setores e serviços e exime-se de atribuições sociais que haviam sido conquistadas pela população.

O Estado é paulatinamente esvaziado de instrumentos importantes de intervenção macroeconômica como os que permitiam o controle dos fluxos de capitais e de câmbio. Cabe ressaltar que o Estado se configura como o principal e mais ativo promotor da liberalização das economias, além de se valer diretamente desse processo por meio de privatizações e da venda de títulos de dívida nos mercados financeiros mundiais.

O neoliberalismo que condicionou esse ciclo preparou terreno fértil para a nova fase financeirizada do capitalismo imperialista: podemos citar o desvencilhamento das barreiras impostas pelo padrão ouro, das políticas de cunho keynesiano e do padrão de acumulação fordista que vigorou no pós-guerra. Na esteira do movimento de crítica a esse arranjo político-econômico, "entram em cena medidas de integração, liberalização e desregulamentação dos mercados, bem como ações de incentivo à ampliação da concorrência entre os capitais. Em conjunto, tais medidas possibilitam reposicionar a operação e o funcionamento de grandes indústrias e suas cadeias produtivas, intensificar a exploração do trabalho e redesenhar padrões de consumo na conformação de uma mundialização financeira de novo tipo" (PARANÁ e SILVA, 2020).

Assim, o novo regime de acumulação, com exacerbação das finanças, demandou um novo receituário de política econômica, pautado na desregulamentação e no regime de livre circulação do capital. O novo regime de acumulação também revigorou o poder de pressão dos donos desse capital em relação às políticas econômicas nacionais. Ficou cada vez mais difícil adotar e manter políticas nacionais deliberadamente deficitárias, fundadas na capacidade de emitir moedas políticas, ou seja, moedas sem lastro que visam garantir metas sociais e políticas – como o pleno emprego e o desenvolvimento nacional –, e reorientar as economias. É possível identificar a nova dinâmica do capitalismo contemporâneo como um momento da fase imperialista, a coroação das finanças como epicentro da acumulação e sob a hegemonia dos Estados Unidos e das formas de maximização da exploração da força de trabalho – entendendo que, embora haja uma autonomia relativa, os ganhos financeiros ainda dependem em grande medida da esfera produtiva (CHESNAIS, 2005).

Chesnais aponta, nesse sentido, a atribuição das instituições multilaterais como o Fundo Monetário Internacional (FMI), a Organização do Tratado do Atlântico Norte (OTAN), a Organização Mundial do Comércio (OMC), o Banco Mundial (BM), entre outras, como bases de sustentação dos interesses financeiros que ampliam as desigualdades em nível global e submetem as demais nações periféricas aos ditames do imperialismo estadunidense.

É esse movimento em escala global que Chesnais caracteriza como imperialismo, algo particular e historicamente determinado, assim como vinculado à noção de mundialização do capital, caracterizada como um regime de acumulação que provém do processo de liberalização e de desregulamentação financeira que se aprofundou com a crise dos anos 1970. Segundo o autor, atualmente, o imperialismo é dominado por uma configuração muito singular de capital financeiro.

Em síntese, a financeirização da economia atua como um instrumento da nova lógica de acumulação do capitalismo imperialista para enfraquecer os Estados nacionais mediante a ação dos grandes fundos de investimento que avançam sobre os bens comuns e as empresas públicas. Há, ainda, a disputa da mais-valia do Estado, englobando setores sociais como a saúde e a educação e outros, capturados para a órbita da valorização financeira. A financeirização também contribui com a instabilidade sistêmica do capitalismo, visto que crises cada vez mais recorrentes se concentram, quase exclusivamente, no estouro de bolhas criadas pelo movimento especulativo típico dessa esfera de valorização.

Imperialismo e neoliberalismo: mais exploração na periferia

Apoiados mais uma vez em Marx, especialmente do ponto de vista metodológico, partimos da afirmação de que as grandes transformações nas estruturas políticas e econômicas das sociedades não serão encontradas no reino das ideias. Não que as ideias não sejam importantes, mas não há espaço para julgamentos morais ou idealizados. Trata-se antes de analisar as condições que abrem precedentes históricos para o florescimento de novas perspectivas sobre os rumos da humanidade. Marx dizia existir uma prioridade ontológica do ser em relação à consciência ou do concreto sobre o concreto-pensado. Isso quer dizer que os seres humanos e a realidade material existem independentemente da consciência que temos sobre isso.

O neoliberalismo e a superação política, econômica e ideológica do modelo anterior encontram na crise, e na desestruturação das relações sociais subjacentes a ela, as condições objetivas e subjetivas para dar vitória às suas concepções, gestadas desde 1930. Essas ideias tiveram, a partir de então, um campo fecundo, impulsionadas por uma crise intensa que afetou a estrutura econômica e o padrão da luta de classes.

Para compreender o neoliberalismo em sua complexidade política e econômica é importante partir da constatação de que esse novo momento do estágio de acumulação capitalista é marcado por quatro dimensões prioritárias: a) uma nova fase do capitalismo; b) uma ideologia; c) uma nova concepção teórico-empírica do campo da economia; d) uma dimensão política, pautada na acomodação ao ideário político presente no espectro da direita. Obviamente, essas dimensões se sobrepõem e são marcadas por fronteiras tênues. Não obstante, essa apresentação nos parece apropriada para iluminar a complexidade contida na análise dessa nova relação social.

Em relação ao primeiro item, há uma interpretação, no campo marxista, de que esse fenômeno pode ser visto como uma nova fase ou etapa do capitalismo (KATZ, 2016). Em nosso entendimento, o capitalismo monopolista e o imperialismo tornaram-se regra. O neoliberalismo é, portanto, uma nova etapa do imperialismo, que segue assentado em base monopolista. Segundo Duménil e Lévy, o próprio imperialismo comportaria "fases" que são reflexo das transformações operadas nos países imperialistas. Para Wilson Cano, dos anos 1980 em diante, o imperialismo voltava a atuar de forma mais dura, disfarçado de modernidade (CANO, 2012).

O neoliberalismo exacerba as características do capitalismo monopolista imperial, retomando algumas das principais bases que marcaram sua consolidação no início do século XX. A principal delas é a necessidade de expansão da produção e da comercialização para além das fronteiras nacionais, abrindo uma nova rodada de exportação de capitais e de partilha do mundo, mesmo que não se opte por uma relação tradicional de colônias e metrópoles. O fenômeno da globalização, portanto, tem cumprido a prerrogativa de abrir espaços nacionais à acumulação de capital do centro, atualizando a relação colonial em outros termos. O real segredo da supremacia estadunidense nesse período foi justamente poder contar com altas taxas de retorno de suas operações financeiras e corporativas em territórios fora de suas fronteiras nacionais (HARVEY, 2008). Foi esse fluxo de capital extraído do resto do mundo que embasou a influência e o poder dos Estados Unidos nos anos 1990.

Assim como o surgimento do capital monopolista imperialista foi uma resposta à crise econômica do fim do século XIX, podemos compreender a nova ofensiva imperialista neocolonial sobre a periferia do mundo também como uma resposta à necessidade de interromper – e, posteriormente, reverter – a tendência da queda da taxa de lucro nas economias centrais, que ocorreu no período de estagflação das décadas de 1970 e 1980. "O processo de globalização, por meio da abertura e exploração dos mercados externos, tem permitido uma recuperação das taxas de lucros" (GONÇALVES, 1999, p. 34).

Evidentemente, o fim do século XX é caracterizado por diferenças conjunturais e estruturais em relação ao período anterior. Marcio Pochmann explica que, conjunturalmente, houve o fenômeno da implosão do bloco soviético e uma intensa desaceleração econômica das potências centrais seguida de uma alta da taxa de juros estadunidense. Ainda segundo esse autor, o desaparecimento do bloco soviético "concedeu liberdade ao movimento das forças de mercado capazes de viabilizar uma nova fronteira de expansão capitalista na Europa do Leste e Ásia. Sem a concorrência de uma possível alternativa à expansão capitalista, a força dos mercados passou a cada vez mais subordinar o jogo da política nas economias do ocidente" (POCHMANN, 2016, p. 92).

Do ponto de vista estrutural, embora esteja em um novo período de acumulação, a necessidade de as empresas transnacionais entrarem no território das periferias para desaguar seus excedentes e empregar seu capital ocioso pode figurar como uma situação análoga, guardadas as devidas proporções, às que ensejaram a consolidação do capitalismo monopolista de caráter imperialista no alvorecer do século xx.

Portanto, a crise da década de 1970 encontrou no imperialismo – e nas finanças – novamente um ponto de refúgio para os intentos renovados do capital. Nessa nova fase, imperialismo e neoliberalismo deram as mãos, inaugurando um novo ciclo de imposições financeiras, produtivas e também militares com o objetivo de subjugar ainda mais a periferia. Aquele imperialismo "com compensações" (a que se referiu Samir Amin para explicitar a transnacionalização do capital monopolista no pós-guerra) mudou de face: as compensações foram deixadas de lado e o neoliberalismo tratou de impor um novo padrão de dominação via abertura comercial, financeira e com arcabouço macroeconômico restrito que eclipsou qualquer base de crescimento e ampliou a desnacionalização. Agora, a periferia experimenta um brutal processo de desindustrialização e acelerada pauperização de sua massa trabalhadora.

Autores como Prabhat e Utsa Patnaik apontam que a questão central da atuação do imperialismo através do neoliberalismo diz respeito à necessidade de imposição de uma deflação no preço de oferta das mercadorias vendidas pelos países dependentes e na renda dos trabalhadores nesses países (PATNAIK e PATNAIK, 2020). Ou seja, é essencial para a viabilidade do sistema capitalista que o aumento nos preços de oferta não se manifeste. Isso foi o que ocorreu até agora na história do capitalismo (e o que impediu o acerto dos prognósticos de David Ricardo quanto aos rendimentos decrescentes na agricultura).

Segundo Patnaik e Patnaik, a preservação do valor do dinheiro na metrópole – impedindo qualquer manifestação do aumento do preço da oferta – pode ser garantida pela imposição da deflação de rendimentos sobre qualquer segmento da população trabalhadora que demande uma mercadoria em particular. Em outras palavras, a deflação de rendimentos pode ser imposta aos trabalhadores na metrópole, aos trabalhadores na periferia ou em ambos os contextos. Mas parece irreal imaginar que os trabalhadores da periferia seriam poupados enquanto os da metrópole fossem pressionados. A estabilidade social do capitalismo metropolitano exige exatamente o oposto disso, a transferência do peso da deflação de renda o máximo possível para a periferia. Daí se conclui que o capitalismo metropolitano impõe necessariamente a deflação de rendimentos sobre os trabalhadores da periferia, até mesmo sobre os pequenos produtores cujas mercadorias estão sujeitas ao aumento do preço da oferta *ex ante* (em outras palavras, manter inalterada a taxa de ganhos em dinheiro para eles).

Em contraste com o período colonial, no capitalismo contemporâneo o principal meio para impor a deflação dos rendimentos dos trabalhadores na periferia é o neoliberalismo; ele atua em cinco frentes principais.

A primeira é o aumento brutal das desigualdades sociais. As grandes massas de trabalhadores excedentes, sem emprego, permitem a redução dos salários reais pagos aos trabalhadores que conseguiram empregos. O vetor dos salários reais não mostra aumento algum no mundo – pelo contrário, diminuiu *pari passu* com o aumento da produtividade do trabalho. Isso impõe a deflação de rendimento do povo trabalhador ao mesmo tempo em que cria uma tendência à superprodução global.

A segunda frente de deflação dos rendimentos acontece em razão do receituário da austeridade fiscal. Dado que as economias são abertas aos fluxos globais de capital, incluindo os fluxos financeiros globais, os governos concorrem entre si para oferecer concessões fiscais ao capital globalizado e atraí-lo para a instalação de fábricas em seus territórios no suposto intuito de promover desenvolvimento. Uma vez que a chamada "responsabilidade fiscal" impõe um limite ao tamanho relativo do déficit fiscal, as concessões fiscais ao capital são necessariamente equiparadas aos cortes nas despesas sociais, nas transferências de auxílios aos mais pobres, nos subsídios alimentares e no fornecimento público de serviços essenciais como saúde e educação. Tudo isso prejudica os trabalhadores, reduzindo, em termos reais, seu poder de compra.

A terceira frente é a inclusão dos pequenos produtores no cômputo total do valor agregado durante o processo de produção, que vai desde a colheita até o mercado de varejo (e da deflação que daí decorre), o que leva ao baixo poder de barganha desse segmento e à existência de grandes grupos monopolistas que determinam os preços de compra e venda das mercadorias produzidas. Assim, reduz-se ao máximo a participação dos produtores locais, engordando consequentemente as fatias apropriadas pelo grande capital imperialista.

A quarta e a quinta frentes referem-se ao que se costuma denominar de "continuidade do processo colonial de deslocamento forçado de pequenos produtores" (PATNAIK e PATNAIK, 2020) e, em última instância, têm relação com a continuidade dos processos de acumulação primitiva de capitais que envolvem a expropriação do que resta dos trabalhadores não alienados dos seus meios de produção. O capital apropria-se, cada vez mais, de áreas e bens comuns, deslocando os pequenos produtores para o círculo de acumulação do capital. Os autores ainda assinalam que o processo acelerado de desindustrialização – também como uma espécie de herança do casamento do neoliberalismo com o imperialismo – desloca camponeses e pequenos produtores para o setor terciário, dominado por grandes conglomerados estrangeiros que os empregam em regime de semiescravidão, cumprindo uma nova rodada de deslocamento forçado, agora combinado com subemprego. Samir Amin, ao caracterizar o imperialismo na fase neoliberal, reafirmava a atuação dos grandes monopólios, não mais como um sistema relativamente autônomo de grandes grupos nacionais rivalizando entre si no mercado interno, mas sim como um grande sistema integrado com controle rígido, desde o centro imperialista, de todas as etapas do processo produtivo.

O neoliberalismo, em especial por força da quarta e da quinta frente sugeridas por Patnaik e Patnaik estaria vinculado a essa integração internacional desigual em que as pequenas e médias empresas, mesmo não sendo propriedade jurídica da cadeia dos grandes oligopólios estão a eles subordinadas a partir de redes de controle estabelecidas a montante e a jusante da cadeia produtiva. Assim, a globalização neoliberal, como uma das formas de expansão imperialista, atua na redução da margem de autonomia dessas unidades de produção que se tornam parte da cadeia de acumulação dos monopólios como resultado de uma nova etapa de centralização do capital dos países centrais, acelerada na passagem da década de 1980 para a de 1990.

O imperialismo atua para aprofundar a dependência da periferia mediante um arranjo específico da política macroeconômica neoliberal, essencialmente vinculado à operação da política fiscal como elemento indutor do crescimento e da distribuição de renda, sob o argumento da necessidade de redução do tamanho e do papel do Estado em suas funções empresariais. O terrorismo econômico, frequentemente mobilizado em situações de elevado endividamento público – como no Brasil em 2022 – é acompanhado de receituários de ajustes para a retomada do equilíbrio orçamentário e corte de despesas. Isso é, sem dúvida, puramente falacioso. As mais recentes chantagens dos mercados com relação à solvência da dívida pública e à possibilidade de quebra do Estado não resistem a qualquer análise séria que parta da evidência de que, ao contrário da década de 1980, o endividamento brasileiro se dá em moeda soberana.

Se não há risco de "quebra" do Estado e de crises externas – em função do Brasil ser credor líquido em moeda estrangeira – podemos supor que a disciplina fiscal atua como mecanismo de chantagem que se disfarça de necessidade de equilíbrio quando, na verdade, está assentada na premissa de que quanto mais o Estado subinveste nos serviços universais como saúde, educação e assistência, mais se abrem possibilidades materiais e subjetivas para que o capital privado, sobretudo o imperialista, aproprie-se desses espaços que, até então, estavam sob o monopólio do Estado. O mesmo ocorre com as empresas públicas que, a título de amortecer o elevado endividamento público, precisam ser transferidas para o controle privado.

Esgotados os espaços de expansão territorial, o imperialismo se volta para a sociedade e instaura um selvagem processo de mercantilização universal: tal é o caso dos serviços públicos, da agricultura, entre outros. Na fase atual, o projeto de controle territorial foi monopolizado pelos Estados Unidos (com a ocupação do Iraque, do Afeganistão, o crescente controle sobre espaços da Ásia Central e com suas claras ambições de dirigir a Amazônia); e ainda conserva a sua importância em razão da corrida para se apoderar de recursos naturais preciosos como o petróleo e a água. Não obstante, como não existem, até o momento, potências rivais dos Estados Unidos nesse campo, a política de anexação ou controle territorial não desencadeia novas guerras interimperialistas, mas sim a férrea resistência dos povos ameaçados em alguns casos (BORON, 2020).

Segundo Atilio Boron, o imperialismo, via neoliberalismo, trava "batalhas sem quartel" na corrida para se apropriar de empresas públicas e converter antigos direitos em mercadorias rentáveis (BORON, 2007). As privatizações e desregulamentações de serviços públicos como saúde, educação e assistência social abrem um enorme espaço imaterial que substitui, ainda que somente em parte, a disputa territorial; e, ao mesmo tempo, insuflam novos ares no imperialismo.

O capitalismo imperialista neoliberal tende a minar toda e qualquer possibilidade de resistência à sua hegemonia (PATNAIK e PATNAIK, 2020). Assim, por exemplo, o crescimento do tamanho relativo do exército industrial de reserva dificulta a ação sindical. De igual sorte, os direitos trabalhistas são prejudicados em nome da "flexibilidade do mercado" para atrair capital e impulsionar "desenvolvimento". O imperialismo em sua fase neoliberal também gera a privatização de unidades do setor público e a terceirização de trabalho para o setor não organizado, fenômenos que fazem com que a resistência dos trabalhadores seja dificultada. Simultaneamente, a expropriação do campesinato e a deflação de rendimentos imposta a ele também tendem a tornar sua ação muito mais difícil. As duas "classes básicas" ficam, portanto, enfraquecidas.

Por fim, sobretudo a América Latina entra na mira da recente fase do imperialismo neoliberal no processo de "caça aos recursos naturais" (BORON, 2020). No período atual, de ameaça de escassez de bens naturais e estratégicos, a América Latina passa a ser prioridade da política externa dos Estados Unidos, principalmente após as mudanças significativas na paisagem da região com a chegada aos governos de partidos progressistas de centro-esquerda (responsáveis pela principal derrota recente do império, o rechaço à Alca[2]). Ainda sob o fantasma da Revolução Cubana e, mais recentemente, dos esforços para a consolidação da Revolução Bolivariana, a América Latina virou palco de disputa pelo controle da hegemonia política. Relacionado a isso ganham relevo no campo econômico as possibilidades de fornecimento de imensas reservas de força de trabalho e recursos naturais e estratégicos fundamentais para a continuidade do processo de acumulação.

Império e imperialismo

Como percebeu Boron, é no mínimo incômodo que o período de maior intensificação da dependência e da transferência de capital-monetário – pelo fenômeno do endividamento externo potencializado pelo "golpe dos juros" estadunidense,

---

2 Área de Livre Comércio das Américas, bloco econômico criado na década de 1990 por iniciativa dos Estados Unidos.

pela perda de referência dos Estados nacionais causada pela avalanche da globalização e pela generalização das experiências neoliberais – tenha sido, justamente, o de maior ausência de produções teóricas sobre o tema imperialismo. Em vez de sinalizar mudanças profundas, fenômenos como esses nada mais significaram que a plena concretização da dominação imperialista em bases renovadas.

A ideia de que o termo imperialismo teria "saído de moda" (ou de que apenas sobreviveria na cabeça de nostálgicos e de viúvas do socialismo real) foi tão divulgada que o tema retornou aos círculos de debate somente a partir de sua completa negação. Curiosamente, o livro que fez ressurgir o tema do imperialismo no circuito político e intelectual não veio do campo propriamente marxista (lembremos de Hobson) e sua tese principal era direta: o imperialismo acabou.

Estamos falando de *Império*, livro lançado originalmente nos Estados Unidos em 2000. Escrito por Michael Hardt e Antonio Negri, *Império* ganhou surpreendente destaque nas mídias hegemônicas, ocupando as principais páginas dos maiores jornais localizados rigorosamente no centro do império. Boron narra que muitas matérias e artigos do *New York Times*, do *Los Angeles Times* e do *Times* britânico foram dedicados a comentar e exaltar as virtudes da obra. Os grandes jornais da América Latina não ficaram atrás: os suplementos dominicais de cultura e economia publicaram extensas reportagens sobre seus autores, outorgando-lhes amplo espaço para difundir suas ideias sobre o mundo atual e a caducidade do conceito de imperialismo. Tal elogio desmesurado à proposta do livro repousa no seu caráter completamente inofensivo aos interesses do bloco imperial dominante. Mais ainda, "sua aprovação nos círculos do *establishment* prova, com a contundência dos fatos que a interpretação que oferecem esses autores é perfeitamente funcional a seus planos de controle e dominação mundial" (BORON, 2007, p. 513).

Podemos resumir a construção teórica de *Império* por meio de algumas teses fundamentais. A primeira, e mais evidente, é a de que o imperialismo – fenômeno relacionado aos Estados nacionais e a uma determinada fase do capitalismo (o capitalismo moderno) – teria sido substituído pela noção de Império, não mais referenciado nos Estados nacionais. O Império nasceria, precisamente, da decadência desses Estados e seria, logo, um fenômeno típico da globalização na fase pós-moderna de desenvolvimento do capitalismo. Ao passo que o imperialismo se baseava na ideia de império que repousava sobre uma perspectiva nacionalista, ancorada em um Estado-nação que buscava exercer controle sobre territórios alheios, o Império de Hardt e Negri seria uma nova fase, em que a soberania não repousaria mais nos Estados nacionais, já que a globalização teria liberado as relações econômicas do jugo das nações imperiais.

Na lição dos autores, o Império deveria ser entendido como algo completamente diverso do imperialismo: "as fronteiras definidas pelo moderno sistema de Estados-nação foram fundamentais para o colonialismo europeu e para a expansão econômica" e o "imperialismo era, na realidade, uma extensão da soberania dos Estados-nação europeus além de suas fronteiras". A transição para o Império teria se dado "no crepúsculo da soberania moderna". E ainda: "em contraste com o imperialismo, o Império não estabelece um centro territorial de poder, nem se baseia em fronteiras ou barreiras fixas" (HARDT e NEGRI, 2001, p. 12).

Note que nessas construções discursivas há uma espécie de retorno à positividade do imperialismo, agora renomeado como Império, o que leva ao debate pré-Hobson, quando o tema não possuía conotação negativa (HOBSBAWM, 2009).

Percebe-se, pois, que a tese do fim da soberania dos Estados nacionais é central na obra. Isso confere um caráter pós--moderno ao livro, que lança mão de diversas referências bibliográficas do pós-estruturalismo[3] e da linguagem típica dessa corrente de pensamento.

A compreensão geral é a de que, no período do capitalismo moderno, em que vigorava o imperialismo, a soberania dos Estados era exercida em territórios bem delimitados. Já no Império, o controle seria exercido sobre os indivíduos e executado mediante a internalização da reprodução biopolítica do poder sem limites definidos. A perda de soberania, por exemplo, teria ocorrido em razão da globalização capitalista diluir as fronteiras nacionais (CORRÊA, 2012).

Não haveria mais, portanto, um centro de onde emanaria o poder imperial. Este passaria a estar difuso nos mecanismos do comércio internacional e seria exercido não por uma nação, mas por organismos nacionais e supranacionais que produziriam uma lógica global de organização dos mercados, captando para si o exercício da soberania que outrora estava nas nações. Segundo Amaral, para os autores de *Império*, trata-se de uma espécie de aparelho de governo descentralizado, desterritorializado e, por isso, também impessoal (AMARAL, 2012). Esse aparelho incorporaria toda a esfera global, expandindo poderes e eliminando rivalidades que subsistissem entre as distintas potências. Em síntese, o capitalismo pós-moderno de *Império* apontaria para uma rede de poder única e abstrata que

---

3 O pós-estruturalismo é um conjunto de investigações filosóficas que se caracteriza pela recusa ou relativização dos fundamentos tradicionais da filosofia, tais como as ideias de verdade e razão.

envolveria todas as nações (haveria, ainda, uma norma jurídica geral), de modo que os governos nacionais acabariam submetidos a processos multilaterais de governança global (AMARAL, 2012). A síntese é que o Império teria superado todo e qualquer antagonismo e transcendido as rivalidades interimperialistas.

Para Hardt e Negri, o imperialismo se enfraqueceu junto com os Estados nacionais que o promoveram. Agora, o Império é marcado pelo enorme poderio das grandes empresas "sem pátrias" (numa clara alusão à ideia de Marx e Engels de que o capital não tem pátria) e dos organismos multilaterais, especialmente as Nações Unidas, que centralizam as regras do jogo e exercem o verdadeiro poder em nível global.

Além disso, outro elemento é mobilizado pelos autores para justificar o anacronismo da categoria imperialismo: a inexistência das dicotomias "norte/sul", "centro/periferia" e "desenvolvidos/subdesenvolvidos". Segundo eles, o que diferenciaria as nações na atual fase do capitalismo seria muito mais o "grau" de desenvolvimento do capitalismo do que qualquer outro adjetivo estruturante. A pobreza estaria na periferia, mas também na classe trabalhadora do centro. Existiria periferia no centro do centro. O "fosso" que outrora separava os países em Primeiro e Terceiro Mundo teria perdido o sentido diante da globalização, que não é só do capital, mas da classe dominante e também da classe trabalhadora, que pode compor o que nomeiam como "multidão".

A partir das premissas dos autores de *Império*, é possível tratar criticamente suas teses. Amparados em autores marxistas como Atilio Boron, Claudio Katz e John Bellamy Foster justificamos a seguir a posição de que o imperialismo continua sendo a principal categoria de análise do atual período.

Boron é um crítico enfático de *Império* e dedicou um livro completo à análise rigorosa da obra, dissecando argumento por argumento. Em primeiro lugar, ele enuncia as ausências conceituais e teóricas que empobrecem o escrito de Hardt e Negri (BORON, 2004). Os autores dedicaram poucas páginas da obra à apreciação das teorias clássicas do imperialismo, sem muitas conexões com autores dessa tradição e nenhuma referência aos teóricos que estudaram o imperialismo a partir dos anos 1960. Além disso, temas como a transnacionalização do capital estão praticamente ausentes do texto.

No que tange à concepção de que as relações globais estariam sob a coordenação de instituições multilaterais, "neutras" e sem pátria, como a ONU, Boron lembra que as Nações Unidas se comportam, frequentemente, como um organismo destinado a respaldar os interesses dos grandes grupos imperialistas e, em especial, a satisfazer os desejos dos Estados Unidos. Para Boron, a atuação normativa da ONU é muito pouco eficaz, uma vez que ou se reduz à letra morta, produzindo apenas efeitos simbólicos quando não é efetivamente apoiada pelos Estados Unido ou, pior, é sumariamente ignorada pela grande potência norte-americana, principalmente quando tenta impor freios às ações bélicas imperialistas.

O que Boron reforça em sua crítica é que, para Hardt e Negri, o imperialismo não muda, mas sim desaparece e é isso que os permite circular tão bem nos circuitos do *establishment* econômico. Essa tese é não só o erro primordial da obra, mas, sobretudo, o que decreta sua irreparável invalidação. A despeito das transformações não desprezíveis do imperialismo em relação à sua manifestação clássica, ele segue como fenômeno que conserva identidade, estrutura e, mais do que isso, continua a desempenhar sua função histórica: concretizar a lógica de acumulação tendencialmente ilimitada do capital em escala mundial.

Hardt e Negri parecem negar a continuidade entre a suposta nova lógica global – que, segundo eles, presidiria o funcionamento do Império – e o modelo anterior. Para Boron, não é possível ignorar a lógica predatória e exploradora do passado, nem a permanente e implacável sucção de excedentes da periferia somados à permanência dos atores fundamentais do sistema imperialista e de suas instituições (bem como de algumas normas e procedimentos). A bem da verdade, os atores estratégicos são os mesmos: os grandes monopólios – cujo alcance e operações tornaram-se transnacionais quanto à estrutura e à dinâmica de exploração, mas seguem nacionais quanto à origem da propriedade, ao destino dos lucros e à composição do elenco diretor.

Nas palavras de Boron, os "outros atores cruciais do 'novo imperialismo' são os governos e os estados dos países industrializados, prematuramente declarados mortos por nossos autores e, em que pese tal declaratória, continuam sendo os administradores imperiais em favor do capital mais concentrado" (BORON, 2007, p. 515). Ainda segundo o autor, Hardt e Negri ignoram que as instituições decisivas para regular os fluxos da economia mundial são as mesmas que marcaram a fase imperialista que "eles já dão por terminada, como o Fundo Monetário Internacional (FMI), o Banco Mundial (BM), a Organização Mundial do Comércio (OMC) e outras do estilo; e que as regras do jogo do sistema internacional continuam as do neoliberalismo global, ditadas principalmente pelos Estados Unidos e impostas coercitivamente durante o apogeu da contrarrevolução neoliberal dos anos oitenta e começo dos noventa" (BORON, 2007, p. 515).

Uma das críticas mais importantes de Boron à obra de Hardt e Negri mira na premissa adotada por esses autores de que a soberania dos Estados nacionais teria dado lugar à soberania das grandes empresas. Para os autores de *Império*, as companhias transnacionais atualmente superam a jurisdição e a autoridade dos Estados nacionais. As grandes empresas, agora, governariam a terra. Boron, por sua vez, afirma que é errônea a presunção de que as empresas transnacionais careceriam de base nacional. Os autores, segundo ele, erram por confundir o alcance das operações de uma empresa com a natureza do agente econômico. As grandes empresas seguem fixadas nos territórios nacionais, são protegidas pelos respectivos Estados nacionais e têm suas ações respaldadas, dos pontos de vista jurídico e econômico, por esses Estados, inclusive nos seus intentos mundializantes.

Se Hardt e Negri estão corretos sobre o enfraquecimento da soberania nacional, isso se aplica à periferia do sistema porque, sem dúvida, a soberania nacional dos Estados da periferia foi consideravelmente afetada. Os países da América Latina, por exemplo, hoje possuem Estados nacionais muito mais débeis do que antes, com menos capacidade de autodeterminação, intervenção e regulação na esfera do mercado. Isso, longe de ser um "fenômeno natural", foi o resultado das políticas neoliberais promovidas pelos governos dos capitalismos metropolitanos para facilitar os negócios de "suas" empresas e a absorção de superlucros extraídos da periferia do sistema.

Nos países desenvolvidos, porém, não é certo que a soberania nacional tenha enfraquecido. Neles, o que se observa é um reforço, ainda que de tipo distinto. Nos Estados Unidos, a presença do Estado foi reforçada consideravelmente a partir do fim da Guerra Fria e da implosão da União Soviética. Essa tendência se agravou extraordinariamente depois de 11 de setembro de 2001, quando o crescimento das funções de vigilância, monitoramento e controle estatal adquiriram proporções inéditas na história do país e fizeram cair por terra os restos da tradição liberal tantas vezes alardeada no discurso oficial de Washington. Se há um país no mundo que exerce uma soberania quase absoluta, não é outro senão os Estados Unidos. A decisão de arrasar outros países mesmo sem contar com mínima cobertura formal das Nações Unidas ou da OTAN, é prova conclusiva a esse respeito.

Claudio Katz, outro marxista argentino, também sistematizou considerações que abalam a tese de que o Império substituiu o imperialismo e reforçam a predominância explicativa, a necessidade e a utilidade do conceito abandonado por Hardt e Negri. Para Katz, afirmar que houve uma diluição das fronteiras entre Primeiro e Terceiro Mundo, assim como defender a tese de que a soberania nacional teria sido substituída pelo poder de controle de organismos multilaterais (ONU, OMC, FMI etc.) – criando uma soberania imperial que enlaça as frações da classe dominante no centro e na periferia – carecem de comprovação empírica. Ademais, essas afirmações não se sustentam teoricamente, uma vez que supõem a existência de certa homogeneização no desenvolvimento capitalista global capaz de suplantar desníveis seculares. Tal homogeneização não existe, como demonstra a história do capitalismo, da dependência[4] e da exploração.

---

4   A dependência, ensina Theotônio dos Santos, é "uma situação econômica na qual certas sociedades têm a sua estrutura condicionada pelas necessidades, pelas ações e interesses de outras economias que exercem sobre elas um domínio. O resultado é que essas sociedades se definem de acordo com essa situação condicionante, que estabelece o marco para o seu desenvolvimento e para as respostas diferenciadas que elas oferecem, sempre submetidas aos estímulos produzidos pela economia e sociedade dominantes" (SANTOS, 2021, p. 22).

Todos os dados sobre inversões, dinâmica da atividade econômica e consumo confirmam a ampliação – e não a redução – dos desníveis entre as economias centrais e as periféricas, além de indicar formas distintas da dinâmica da acumulação e, sobretudo, das crises. Segundo Katz, a prosperidade estadunidense da última década contrastou com o desastre generalizado nas nações subdesenvolvidas, assim como o colapso social da periferia não tem equivalência alguma com o avanço da pobreza e da desigualdade nos Estados Unidos ou na Europa (KATZ, 2020). Muito longe de uniformizar a dinâmica do desenvolvimento da sociedade capitalista – como era a promessa da globalização neoliberal – a mundialização aprofundou a crescente polarização das desigualdades globais.

A tese do fim do imperialismo pela emergência de uma classe dominante de caráter internacional também não pôde ser constatada. Se, por um lado, é correta e avaliação de que as classes dominantes dos países periféricos se envolveram com as grandes corporações globais e são apadrinhadas pelas elites dos países centrais – assim como é correto que a pobreza e a desigualdade avançam em direção aos trabalhadores dos países centrais – isso não fez nenhum país dependente tornar-se central, tampouco o inverso.

Ainda segundo Katz, enquanto as corporações estadunidenses, sobretudo, exploram os trabalhadores do seu país e dos demais, a burguesia brasileira, por exemplo, não explora os trabalhadores estadunidenses, mas superexplora os seus nacionais. Embora o saldo registrado na internacionalização da economia seja significativo, os capitais continuam operando nos marcos de uma ordem imperialista, ou seja, em atenção aos interesses dos países imperialistas.

Com isso, é completamente errado supor que haja um "novo Estado global", nos moldes que defendem Hardt e Negri. Isso fica claro quando o foco de observação passa a ser a diminuta influência que tem qualquer burguesia do Terceiro Mundo em decisões da ONU, do FMI, ou de outros organismos multilaterais. Ainda que as classes dominantes da periferia não sejam propriamente as vítimas do subdesenvolvimento e lucrem com a exploração dos trabalhadores de seus países, não é correto outorgar a elas algum protagonismo no centro de gravidade da dominação mundial.

John Bellamy Foster também reafirma a importância do conceito de imperialismo e sugere elementos para pensá-lo contemporaneamente. Para ele, o livro de Hardt e Negri nega que as características principais do imperialismo ainda estejam postas. Para Foster, elas estão mais vivas do que nunca e escancaram as contradições próprias do capitalismo em sua fase atual, tais como: a) entre a produção e o controle; b) entre a produção e o consumo; c) entre a competição e o monopólio; d) entre a expansão econômica mundial e a rivalidade intercapitalista; e) entre a acumulação e a crise do capitalismo; f) entre a produção e a destruição; g) entre o domínio do trabalho e a dependência do trabalho; h) entre o emprego e o desemprego; i) entre o crescimento da produção a todo custo e a destruição ambiental (FOSTER, 2001, 2003, 2007).

Essa perspectiva situa Foster entre os autores que confirmam as percepções de Lenin, para quem o imperialismo não seria simplesmente uma política, mas sim uma realidade sistemática que decorre da própria lógica que governa o desenvolvimento do capitalismo. Enquanto muitos apregoavam que a hegemonia estadunidense terminaria na década de 1970 com o declínio da estrutura produtiva da principal economia simultaneamente ao florescimento de seus competidores, deu-se o contrário: os Estados Unidos reafirmaram sua hegemonia e seu lugar de guardiões do imperialismo (FOSTER, 2003).

O imperialismo não terminou, nem se enfraqueceu, em razão de sua nova conformação "sem colônias". De acordo com Ellen Wood, a ausência relativa de ocupações territoriais não significa o fim do imperialismo, mas revela uma forma mais avançada de imperialismo, adequada às novas exigências capitalistas (WOOD, 2003). Enquanto no período de desenvolvimento do capitalismo o imperialismo apresentava-se orientado às explorações de tipo extraeconômica, no período atual – de maturidade do capitalismo – os mecanismos próprios de mercados ganham proeminência.

Foster também afirma que, embora os meios sejam distintos, o alcance global do imperialismo hoje é ainda maior. Os Estados Unidos, por exemplo, ocupam territórios estrangeiros através de bases militares em 69 países e não deixaram de recorrer a guerras e ocupações, sobretudo no início dos anos 2000. Sempre que julgam útil, os Estados Unidos recorrem à força bruta, mesmo que essa não seja mais a alternativa de ação prioritária do imperialismo, uma vez que a utilização dos instrumentos de livre mercado agora costuma ser mais fácil e eficaz.

O imperialismo é, sobretudo, estadunidense

Este tópico é dedicado à tese – baseada em autores como Domenico Losurdo, Atilio Boron e Vijay Prashad – de que não vivemos mais uma disputa interimperialista, como acontecia no alvorecer do século XX ou mesmo no sistema internacional de tensões que envolvia a ameaça de outras potências ao poderio estadunidense, como na época em que a União Soviética desempenhava o papel de contenção ao avanço do capitalismo. A nova era, marcada pela hegemonia da globalização neoliberal e livre das pressões exercidas pelo socialismo real soviético, tornou os Estados Unidos o centro inconteste da dominação imperialista.

Para corroborar tal ideia, Losurdo faz uma provocação: partindo da premissa da existência da categoria imperialismo, como identificar a que nações ela se aplica? Qualquer análise estatística, como a que foca no poder econômico, nos jogaria na vala comum do economicismo, retirando o elemento histórico, político, militar e ideológico do centro da averiguação e produziria, inclusive, consequências paradoxais. Por esses critérios, segundo o autor italiano, o Brasil se tornaria imperialista caso viesse a ter sucesso em sua tentativa de escapar ao abraço neocolonialista e impulsionar o desenvolvimento de uma economia nacional autônoma (LOSURDO, 2005). Assim, os países mais importantes do Terceiro Mundo são colocados diante de uma alternativa constrangedora: continuar a ser semicolônia ou se tornar potência imperialista. Se quiserem evitar a acusação de imperialismo, portanto, países como o Brasil devem se resignar à derrota política ou ao fracasso no plano econômico.

Para Losurdo, um dos principais elementos que reafirmam a proeminência dos Estados Unidos como potência hegemônica na relação imperialista diz respeito ao exercício de ações militares com objetivos político-econômicos (LOSURDO, 2020). Se, por um lado, não se deve renunciar à denúncia ao papel que países como Alemanha e Itália desempenharam na fragmentação e na guerra contra a Iugoslávia, ou mesmo às responsabilidades da Itália na guerra da Líbia, da Alemanha no golpe na Ucrânia e da França na guerra da Síria, por outro, todas essas iniciativas de caráter neocolonial somente foram possíveis em razão da liderança dos Estados Unidos, uma superpotência militar que promove ou incentiva uma série de conflitos e desestabilizações mais ou menos diretamente.

Se duas grandes coalizões militares rivalizaram na Primeira Guerra Mundial e se na Guerra Fria havia certa submissão das nações centrais ao objetivo comum de conter o comunismo, atualmente há apenas uma grande coalizão militar, a OTAN, que se expande sob controle estadunidense.

Existe, ainda, uma diferença substancial que pode estar apenas no campo da retórica, mas serve de exemplo do novo papel estadunidense como fiador quase único do imperialismo. Em contraste com as agressões à Iugoslávia, então creditadas à comunidade internacional, a Guerra do Golfo e as ações militares ocorridas a partir dos anos 2000 encontraram uma direção explicitamente estadunidense, o que ficou marcado no discurso do presidente dos Estados Unidos, George W. Bush, quando anunciou que o país fazia a guerra por ter sido "eleito por Deus" como a nação protetora da democracia, dos direitos humanos, da civilização e, sobretudo, do livre mercado (LOSURDO, 2020, p. 107).

A Guerra do Golfo, a invasão do Afeganistão e a ocupação do Iraque, mais do que objetivos estritamente econômicos relacionados à conquista de campos de petróleo e à abertura de espaços de valorização para os investimentos estadunidenses, tiveram como finalidade a ocupação territorial voltada à expansão do controle político-militar sobre o Oriente Médio (o que também expressava o desejo de controle total e exclusivo das fontes energéticas das quais dependiam os Estados Unidos e os demais países que poderiam colocar empecilhos à sua hegemonia – e que, hoje, já lhe fazem sombra). No que concerne ao poderio militar, os Estados Unidos utilizam formas de intervenção direta – e, mais recentemente, indiretas, como veremos adiante – para fazer valer seus interesses, sobretudo econômicos, sobre outras nações, o que distingue suas políticas de "segurança nacional" e externa das de outras potências, em especial da China.

Em 2003, as despesas militares dos Estados Unidos foram maiores que a soma dos vinte países que o sucederam nesse campo. Em resumo, "os EUA gastam, para a Defesa, quase o dobro do conjunto dos outros membros da Aliança (antes da expansão)" (LOSURDO, 2005, 2020). Por isso, contam com mais de 750 bases e missões militares em 128 países, uma máquina de guerra sem paralelo na história da humanidade posta a serviço da defesa do sistema imperialista mundial (BORON, 2007).

Após o fim da Guerra Fria, os Estados Unidos constituíram o que se consolidou, a partir dos anos 1990, como um imperialismo de superpotência única e sem rivais. Como percebeu Losurdo, em nosso tempo "ganha cada vez mais nitidez a ambição dos Estados Unidos de construir um império planetário, a ser gerenciado de maneira solitária e exclusiva. Estamos na presença de um novo fenômeno" (LOSURDO, 2005, p. 22). Empenhados em realizar o império planetário, os Estados Unidos praticam um expansionismo desenfreado. Essa noção é importante para a análise do cenário, destaca Losurdo, a fim de caracterizar o inimigo principal e separá-lo dos demais, secundários. Enquanto os Estados Unidos impõem um pesado bloqueio sobre Cuba, nações capitalistas centrais como Canadá e Espanha estreitam relações comerciais com a ilha e a China exporta os bens industriais mais importantes para o desenvolvimento econômico do país embargado. Há, logo, uma clara diferença aqui.

Losurdo diz ser errônea a comparação entre o imperialismo estadunidense e o da União Europeia por ser sem sentido relacionar grandezas tão heterogêneas (LOSURDO, 2005). A União Europeia não é um Estado e a identificação monolítica desse bloco acaba por sugerir que seus interesses comerciais estariam acima dos políticos – o que é, na realidade, mais uma manifestação do economicismo. Dessa forma, embora o autor não negue, por exemplo, o imperialismo alemão e japonês, considera um equívoco qualquer tipo de comparação entre potências que detém poderes tão díspares no cenário global e que, eventualmente, comportam-se de maneira muito diferente em suas relações externas, sobretudo políticas, com outros países.

Mas seria incompleto sustentar uma análise militar, política e econômica desconsiderando a ideologia. Para ampliar a base social que hoje, a despeito da continuidade dos intentos bélicos, ocorre mais pelo consenso, os Estados Unidos mobilizaram certo imaginário, apresentando-se como a encarnação de uma missão superior à qual seria tolo e até criminoso se opor. Dessa forma, a correlação de forças no jogo ideológico é profundamente desequilibrada, pois os valores, os costumes e a cultura estadunidense (*american way of life*) são hegemônicos no plano cultural. Tudo isso embasado em um formidável aparelho multimidiático de alto nível e com técnicas avançadas de propaganda voltados para uma campanha massiva – e custosa – de defesa dos interesses dos Estados Unidos, apresentados como guardiões da democracia e dos bons costumes.

Atilio Boron destaca o elemento cultural para sugerir que hoje os Estados Unidos são a principal e praticamente única potência a exercer a função imperialista, embora não negue as práticas imperialistas de outros países. Para ele, o imperialismo econômico e político atualmente se reforça com o imperialismo cultural que – mediante um vasto desenvolvimento dos meios de comunicação de massa e da indústria cultural – torna possível a imposição das ideias e dos valores estadunidenses como nenhuma das experiências imperiais anteriores pôde lograr (BORON, 2007). Calcula-se que, aproximadamente, três quartos das produções audiovisuais que circulam no planeta sejam produzidas nos Estados Unidos, divulgando uma imagem adequada a seu projeto de poder.

Boron também acentua um movimento que se inicia no pós-guerra e ganha contornos dramáticos com o desaparecimento da União Soviética e do campo socialista: "hoje em dia o imperialismo é, mais que nunca, o imperialismo norte-americano, devido à capacidade manifestada para subordinar sob sua hegemonia, de maneira clara e contundente, os possíveis rivais que poderiam se interpor em seu caminho. Nem a União Europeia nem o Japão podem aspirar outra coisa a não ser figurarem como simples coadjuvantes que acompanham as decisões tomadas em Washington" (BORON, 2007, p. 515).

Boron reforça que as teses sobre uma tríade imperial – caracterizando um sistema capaz de acomodar em condição equivalente Estados Unidos, União Europeia e Japão – não repousam em fundamento empírico. Japão e União Europeia, ainda que detenham certa soberania, comportam-se como vassalos do imperialismo, uma vez que estão submetidos às pressões econômicas, à chantagem militar e à manipulação da propaganda como, por exemplo, no caso das cobranças de engajamento diante da "ameaça do terrorismo".

O imperialismo estadunidense, porém, está imerso em uma crise típica do capitalismo neoliberal. Esta ficou mais evidente com as sucessivas e persistentes crises na esfera econômica e foi profundamente marcada pela crise de múltiplas dimensões (sanitária, econômica, ética, política etc.) em função da pandemia de Covid-19. Mesmo enfraquecido, o imperialismo estadunidense não costuma jogar na defesa – pelo contrário, tende a reafirmar as posições de ataque. A desestabilização dos capitais nos países centrais atiça o imperialismo a atuar ainda mais em direção à periferia. Segundo Prashad, diante da crise econômica e da contestação de sua hegemonia, os Estados Unidos dobraram a aposta com a eleição de Donald Trump e subiram o tom na ofensiva global, conformando um novo momento do imperialismo que tem como marca uma intensa rodada de apropriação sobre bens naturais e outros bens comuns dos países periféricos, assim como o avanço sobre novas áreas (PRASHAD, 2018).

Segundo Foster, hoje o imperialismo é mais agressivo e ilimitado do que nunca em seus objetivos (FOSTER, 2019). Diante do atual declínio de sua hegemonia, bem como da crise econômica e ecológica, os Estados Unidos (regime dólar-petróleo-Pentágono) utilizam toda a sua força militar e respectivo poder financeiro em busca de vantagens geopolíticas e geoeconômicas. A meta é subordinar ainda mais os países da base da hierarquia mundial, colocar obstáculos no caminho das economias emergentes e derrubar os Estados que violam as regras da ordem vigente.

O imperialismo estadunidense da "nova era" atua em dois eixos principais. O primeiro é a frente institucional – os Estados Unidos forçam organizações como a OMC e o FMI a constituir fóruns direcionados a seus interesses para a discussão de questões sobre comércio, desenvolvimento e outros temas de relevância mundial, ao mesmo tempo em que pressionam as instituições mais antigas, como a ONU, para concretizar planos que dependem do uso da força. O segundo é a frente ideológica, ligada ao argumento de que o capitalismo neoliberal é a única via de acesso ao progresso. Para Prashad, essa é a cara do novo imperialismo estadunidense, vinculado a uma plataforma econômica neoliberal e também de mãos dadas com governos autoritários e de corte neofascista desde que isso sirva à acumulação de capital (PRASHAD, 2018).

Reafirmando a interpretação de que o imperialismo é, sobretudo, estadunidense, Prashad diz que hoje o governo dos Estados Unidos atua como o principal agente do imperialismo, montando uma teia de aliados que envolve desde países da OTAN até importantes parceiros regionais como Arábia Saudita, Índia e Colômbia (PRASHAD, 2018). Além de manter coeso esse grupo de aliados, os Estados Unidos também administram as contradições que surgem dos polos que tentam colocar em risco e disputar a hegemonia global – notadamente, Rússia e China.

Em seu mais recente livro, Prashad afirma que os Estados Unidos são a principal nação imperialista em razão do papel direto que desempenharam, essencialmente por intermédio da CIA, em diversos golpes de Estado que tiveram como motivação política o afastamento de lideranças de caráter progressista e nacionalista (e que, por isso, adotavam posturas conflitantes com o imperialismo), além de motivações econômicas, que dizem respeito à abertura de espaços de acumulação do capital estadunidense, buscando enfraquecer concorrentes em setores estratégicos e obter acesso a fontes de recursos naturais. Nesse sentido, Prashad aponta que, assim como o imperialismo modificou-se profundamente do início do século XX até nossos dias, a forma de atuação dos Estados Unidos e seus fins golpistas também sofreram alterações, ainda que tanto o imperialismo quanto as "balas de Washington"[5] permaneçam bastante próximos no conteúdo (PRASHAD, 2020).

Em um primeiro momento, o imperialismo estadunidense atuou mais duramente com o uso da força física, simbolizado nas imagens de tanques nas ruas. Foi sua atuação direta e indireta em distintos golpes que derrubou governos progressistas e instalou ditaduras entreguistas na América Latina, assim como foi seu patrocínio ou mesmo ação direta que buscou derrubar governos revolucionários, em especial os de Cuba, Guatemala, Nicarágua e Venezuela. Já "os golpes no período atual não são necessariamente de tanques; eles geralmente vêm de bancos" (PRASHAD, 2020, p. 135), alguns de tribunais ligados às classes que historicamente dominaram esses países. A força do sistema financeiro – comprometido sobretudo com os interesses estadunidenses – na desestruturação e no cerceamento da política econômica doméstica das nações periféricas, as várias formas de violência aberta que ainda subsistem (basta ver o exemplo da Bolívia, em 2019) e as medidas de *lawfare* atuais são exemplos da variedade e das modalidades dos golpes. A história desses eventos confirma uma mesma motivação: manter os países periféricos, especialmente os latino-americanos, sob a exploração e a dominação da grande nação imperialista.

Além das armas, da política externa altamente intervencionista, das formas híbridas[6] de desestabilização de

---

5   Em referência ao título do livro do autor.
6   Por formas híbridas entende-se o conjunto de estratégias de desestabilização de países e governos, que combinam medidas jurídicas,

governos não-alinhados e de uma estrutura produtiva que os mantém na dianteira econômica, os Estados Unidos são os detentores do poder de senhoriagem do mundo, ou seja, controlam o sistema financeiro internacional e têm o poder absoluto de impressão da moeda mundial, o que permite que acumulem persistentes déficits comerciais com o mundo todo e, ainda assim, não sofram qualquer restrição no balanço de pagamento. Em síntese, hoje a hegemonia imperial estadunidense pode residir nas armas, na moeda e na política – e menos na estrutura produtiva em decorrência da acelerada competição chinesa.

E já que mencionamos a China: onde entraria a grande potência asiática nesse contexto? Partimos da premissa de que a China não é uma nação imperialista, ainda que tenha relações contraditórias de exploração na periferia, sobretudo na África. Pensar o contrário é ceder a certo dogmatismo que parte de uma leitura economicista de Lenin por centrar demasiada atenção apenas à variável econômica, em especial à existência de monopólios e à exportação de capitais para afirmar o caráter imperial de uma nação.

N. B. Turner é uma das principais vozes que defendem o caráter imperialista da China. Com base nessa concepção economicista, tanto o capital monopolista como o capital privado que se estabelece no país, em conjunto com os principais bancos estatais (demonstrando o poderio do capital financeiro), revelariam o caráter imperial da nação asiática que teria se convertido em uma das maiores exportadoras de capital do mundo, explorando trabalhadores e apropriando-se de recursos em várias regiões do planeta (TURNER, 2014).

---

midiáticas, psicológicas e, inclusive, militares (em regra, de baixa intensidade) com objetivos que, antes, eram alcançados na guerra convencional.

Harvey também faz coro com essa interpretação de que "a China é a nova potência imperialista" em razão do critério da participação na dívida estadunidense e na grilagem de terras na África e na América Latina (HARVEY, 2018).

Ocorre que, para Lenin, em oposição ao que sustentam seus intérpretes economicistas, o monopólio estava ligado a seu objetivo, a obtenção de um superlucro: lucros muito acima das taxas de retorno "normais" obtidas em condições de livre concorrência. Portanto, esse nos parece ser o melhor critério para averiguar o caráter imperialista: o recurso ao monopólio para a obtenção de superlucros.

Lenin, ao abordar os superlucros, fez referência, no exemplo da Standard Oil Company, ao pagamento de dividendos de 36% sobre o montante do capital aplicado em 1900 e 48% no ano de 1907. A American Sugar Trust pagou dividendos de 70% sobre seu investimento original. Os bancos franceses conseguiram vender títulos a 150% de seu valor nominal. Os lucros médios anuais sobre os estoques industriais alemães foram entre 36% a 68% entre 1895 e 1900 (LENIN, 2012). Segundo Minqi Li, usando a contabilidade convencional da balança de pagamentos internacional da China entre 2010 e 2018, verifica-se que as taxas de retorno sobre os ativos estrangeiros chineses foram em média de apenas 3%. Por outro lado, são as taxas de retorno sobre o investimento estrangeiro total na China que apresentam patamar elevado, em torno de 6% (LI, 2021). Não há, portanto, superlucro. Os capitalistas estrangeiros que atuam na China, por exemplo, auferem o dobro do lucro dos capitais chineses no resto do mundo. Não se pode falar em "exploração imperialista" de forma simplista.

Embora a China tenha uma posição de investimentos líquidos de aproximadamente US$ 2,13 trilhões[7], sua estrutura de ativos estrangeiros é muito distinta da estrutura de ativos estrangeiros que são aplicados no país. Enquanto o investimento estrangeiro da China é dominado pelo investimento direto (um investimento consistente com a tentativa do capitalista estrangeiro de explorar a mão de obra e os recursos naturais chineses), os ativos de reserva representam o maior componente dos ativos do país.

O fato de a China acumular reservas em instrumentos de baixo retorno, como os títulos do governo estadunidense, reforça sua subordinação internacional do ponto de vista financeiro. Esses ativos representam, teoricamente, as reivindicações chinesas sobre o fornecimento futuro de bens e serviços dos Estados Unidos e de outros países capitalistas desenvolvidos. Mas essas reivindicações podem nunca ser realizadas, pois os Estados Unidos e outros países capitalistas desenvolvidos simplesmente não têm a capacidade para produzir dentro de um período de tempo razoável os bens e serviços extras que podem corresponder a mais de US$ 3 trilhões de reservas cambiais chinesas. Se a China usar uma grande parte de suas reservas para comprar *commodities* de matérias-primas ou trocar as reservas por outros ativos, ela aumentaria dramaticamente os preços dessas *commodities* ou de outros ativos e sofreria uma perda maciça de capital (uma grande redução do poder de compra das suas reservas). Além disso, ela precisa manter muitos trilhões de dólares como reserva para se garantir contra uma possível fuga de

---

7   De 2004 a 2018, os ativos estrangeiros totais da China aumentaram de US$ 929 bilhões para US$ 7,32 trilhões. Durante o mesmo período, o passivo externo total do país (ou seja, o investimento estrangeiro total na China) aumentou de US$ 693 bilhões para US$ 5,19 trilhões. (Dados de 2018)

capitais ou crise financeira. Os ativos de reserva da China, em vez de parte da "riqueza imperialista" do país, constituem essencialmente um tributo informal ao imperialismo dos Estados Unidos, um pagamento pelo "privilégio de senhoriagem" deste último.

Katz também afirma que a existência dos monopólios no território chinês apenas confirma a incidência desse tipo de conglomerado presente em qualquer país (KATZ, 2021). O mesmo ocorre com o capital financeiro que, diga-se de passagem, gravita menos na economia chinesa do que em qualquer país do mundo. Ao contrário dos demais países, a China galgou posição na globalização dispensando a financeirização neoliberal, além de não apresentar nenhuma semelhança com o modelo bancário alemão, que serviu de exemplo para a análise de Lenin no alvorecer do século XX. Na percepção de Katz, a exportação do país apenas ratifica a conexão significativa entre a China e o capitalismo global.

A discussão sobre esse tema é extensa. Turner e tantos outros postulam que houve uma inflexão na China maoísta com o processo de abertura iniciado nos anos 1980 por Deng (TURNER, 2014). Segundo eles, vem daí a virada que fortaleceu o modelo capitalista expansivo e concedeu ao modelo chinês características próprias do imperialismo. Uma delas, ou a mais importante, seria a subjugação econômica que é imposta, sobretudo, ao continente africano. Turner chega a comparar a China com as trajetórias de Alemanha e Japão durante a expansão imperialista no início do século XX.

Essa comparação, porém, parece ser um equívoco. Em primeiro lugar, a China não enviou tropas militares para países africanos nem para outras nações periféricas com o objetivo de "validar" a sua hegemonia política ou seus negócios. Aliás, sua única base militar, em um nevrálgico porto comercial, Djibouti, contrasta com a quantidade de instalações que os Estados Unidos e a Europa montaram pelo globo (KATZ, 2021). A China não fez até agora uso do caminho belicista para obter mercados, o que desautoriza qualquer comparação com as nações imperialistas do início do século. Mesmo as regiões de inconteste influência chinesa foram conquistadas sem o disparo de nenhum tiro.

A explicação para uma política econômica expansiva que mantém um caráter não bélico baseia-se em princípios fundamentais que constam nas declarações sequenciais dos Congressos do Partido Comunista Chinês (PCC). Mesmo com a nova política de expansão vinculada ao plano da "Nova Rota da Seda", Belt and Road Initiative (BRI), no 18º Congresso do PCC, ainda consta a orientação do governo chinês à promoção do desenvolvimento econômico, buscando "uma atuação diplomática de grande potência com características chinesas" de modo que "questões domésticas e relações externas encontram-se interligadas" (GEBRIM, 2019).

A política externa chinesa é fortemente baseada nos Cinco Princípios da Coexistência Pacífica – referendados primeiramente no acordo de 1954 entre China e Índia em torno da questão tibetana e, na sequência, amplamente adotados na Conferência de Bandung[8] de 1955 – sendo eles: a) o respeito mútuo à integridade territorial e soberania de outrem; b) a não agressão mútua; c) a não interferência mútua em assuntos internos; d) a igualdade e o benefício mútuo; e) a coexistência pacífica (GEBRIM, 2019).

---

8 A Conferência de Bandung foi realizada na Indonésia em 1955 e reuniu 29 países da Ásia e da África para discutir o lugar do chamado terceiro mundo no cenário internacional, sua relação com as potências ocidentais, o colonialismo e o neocolonialismo.

Isso acontece porque, ao contrário dos Estados Unidos, Inglaterra ou França, os grandes grupos empresariais chineses não costumam exigir intervenções político-militares do seu Estado em face de adversidades empresariais. Não há tradição de invasões nem de golpes de Estado com articulação ou participação chinesa contra governos que nacionalizam empresas ou suspendem pagamentos de dívidas, por exemplo. Não há comparação, ademais, com a intromissão avassaladora dos Estados Unidos nas embaixadas de países periféricos, buscando ampliar o raio de influência política e poderio econômico. Lucrar com a venda de produtos manufaturados, comprar empresas públicas ou ganhar licitações para exploração de matérias-primas é muito diferente da pressão política pela abertura desses mercados ou da utilização de bases militares ou fuzileiros navais para forçar mudanças ou intervenções em outros países – ou, mais diferente ainda, de treinar e armar grupos policiais e paramilitares para levar adiante golpes de estado, sejam eles convencionais ou atípicos (KATZ, 2021).

Por fim, para identificar se um país cumpre os requisitos imperialistas de exploração periférica, há que se identificar outros dois vetores: os termos de troca de trabalho e o fluxo de mais-valia. Os termos de troca de trabalho são definidos como as unidades de trabalho estrangeiro que podem ser trocadas por uma unidade de trabalho doméstico por meio do comércio de bens exportados e bens importados de igual valor de mercado. Nesse quesito, os Estados Unidos são um país imperialista típico. Na década de 1990, uma unidade de mão de obra estadunidense podia ser trocada por mais de quatro unidades de mão de obra estrangeira. No início dos anos 2000, os termos de troca do trabalho dos Estados Unidos melhoraram ainda mais: uma unidade de trabalho dos Estados Unidos poderia ser trocada por cerca de cinco unidades de trabalho estrangeiro. Embora os termos de troca do trabalho dos Estados Unidos tenham diminuído após a crise financeira global de 2008, desde então o país se recuperou parcialmente. Em 2016 e 2017, uma unidade de mão de obra dos Estados Unidos poderia ser trocada por cerca de quatro unidades de mão de obra estrangeira.

Em comparação, na década de 1990, a China era um país periférico típico. Nesse período, os termos de troca de trabalho da China eram de cerca de 0,05 – uma unidade de mão de obra estrangeira poderia ser trocada por cerca de vinte unidades de mão de obra chinesa. Desde então, os termos de troca de trabalho da China melhoraram substancialmente. Em 2016 e 2017 os termos de troca de trabalho da China aumentaram para cerca de 0,5. Ou seja, duas unidades de mão de obra chinesa poderiam ser trocadas por cerca de uma unidade de mão de obra estrangeira. Em suma, a China continua sendo uma economia explorada pelos países imperialistas no sistema capitalista mundial, embora o grau de exploração tenha diminuído rapidamente nos últimos anos (LI, 2021).

Portanto, a evidência atualmente disponível não apoia o argumento de que a China se tornou um país imperialista pertencente à pequena minoria privilegiada que explora a grande maioria da população mundial. No geral, a China continua a ter uma posição explorada na divisão capitalista do trabalho global e transfere quantidades maiores de mais-valia para o centro (países imperialistas históricos) em maior proporção do que recebe da periferia. No entanto, o PIB *per capita* chinês aumentou para níveis substancialmente acima dos níveis de renda periféricos e, em termos de fluxo de transferência de trabalho internacional, o país estabeleceu relações de exploração com quase metade da população mundial (incluindo África, sul da Ásia e partes do Leste Asiático). Assim, a China deve ser considerada um país semiperiférico no sistema mundial capitalista – segundo autores como Katz, nem imperialista nem pertencente ao Sul Global –; o gigante asiático mantém uma relação de exploração com os países periféricos, mas em níveis bastante distintos das demais nações imperialistas e circunscrito à esfera econômica.

Cadeias Globais de Valor, Superexploração e Transferência de Valor

Essa seção é destinada ao que Hobson chamou de "raiz principal econômica" do imperialismo. O imperialismo, como se viu, é um sistema complexo de relações em que a variável principal é política e o espaço de exercício prioritário da sua atuação se dá na dinâmica global. Todavia, trata-se de um fenômeno com alicerces profundos e permanentes na dinâmica econômica; é sobre esse elemento que queremos refletir a seguir.

Assim como o tema do imperialismo amargou certo ostracismo mais recentemente, além de passar por contínuos questionamentos sobre sua validade para a análise das mudanças profundas do capitalismo contemporâneo, na economia também ocorre algo parecido. Há aqueles que mesmo que admitam a existência do imperialismo, defendem que ele é um fenômeno que se manifesta através de mecanismos de imposição da força política ou bélica, atuando na disputa geopolítica entre Estados e, portanto, sem (ou com poucos) elementos que o relacionem a um fenômeno congruente com o funcionamento do capitalismo no estágio monopolista.

Uma das formas principais de organização e reprodução do modo de produção capitalista atualmente se dá pela operacionalização das CGV – Cadeias Globais de Valor –, um fenômeno que também é fruto da década de 1970 e do célere avanço do desenvolvimento tecnológico que teve lugar a partir desse período, quando se desencadeia o que conhecemos na literatura econômica como Terceira Revolução Industrial e Tecnológica. Esse processo abre condições, do ponto de vista material e objetivo, para o que já era a meta política e econômica dos capitalistas e apresenta-se como uma das saídas para a grande crise que havia se instalado.

O desenvolvimento técnico permitiu saltos qualitativo e quantitativo no capitalismo, que pôde se expandir rompendo o que outrora foram limitações importantes e que agora estavam relativamente superadas com a criação de sistemas de telecomunicação e de informatização que permitiam o gerenciamento e o controle de empresas em tempo real, mesmo sem presença física no território de origem. Essa revolução tecnológica ainda permitiu saltos importantes na transformação dos sistemas logísticos com a aceleração do transporte e da distribuição de mercadorias globalmente (TRICONTINENTAL, 2019).

Em razão dessa revolução no campo da técnica, o capitalismo desenvolveu-se de maneira ainda mais global e articulada. As grandes corporações multinacionais passaram a operar ao redor do mundo distribuindo toda uma linha de produção pelas regiões que permitissem dispender menos custos, podendo instalar e dissolver fábricas e demais equipamentos pelo planeta a partir do critério das vantagens em termos de custos oferecidas por cada local (CARDOSO, 2020).

Assim nascem as CGV, uma forma de descentralização da produção em nível internacional em que diversos países estão integrados atuando em diferentes elos da cadeia produtiva. Esse fenômeno fez com que alguns autores passassem a questionar a vigência de conceitos como "centro-periferia" ou mesmo nação "imperialista" no sentido econômico, uma vez que a relação que sustentava a noção de países exportadores de produtos primários x países exportadores de produtos manufaturados não faria mais sentido. Hoje em dia, a periferia exporta produtos manufaturados, o que pode nos levar a crer que as relações "Norte-Sul" e "centro-periferia" seriam mais fluídas ou que esses conceitos já seriam imprecisos para pensar a complexidade das relações econômicas do presente.

Segundo Intan Suwandi, duas questões se colocam comumente nesse debate: a) as CGV descentralizadas podem ser vistas como constituintes de uma descentralização de poder entre os principais atores dentro das cadeias produtivas e de exploração? b) a complexidade dessas cadeias sugere que as características hierárquicas e imperialistas da economia mundial foram superadas? Para ambas as questões a autora foi categórica na resposta: não. Suwandi justifica-se apontando que embora as redes estejam descentralizadas e a complexidade que caracteriza essas cadeias seja um dado, as relações entre capital e trabalho, que estão no âmago dessa relação, ainda repousam sobre uma concepção flagrantemente imperialista (SUWANDI, 2019).

No mesmo sentido, André Cardoso afirma que "não é possível analisar as relações de política econômica internacional, a dinâmica das cadeias de produção global e a atuação das corporações multinacionais e os Estados nacionais sem levar em consideração a existência do imperialismo hoje" (CARDOSO, 2020, p. 134). Portanto, reafirmamos aqui um olhar sobre esse processo com base no imperialismo, ainda que ele tenha sofrido modificações na forma de extração de excedente da periferia; justamente sobre isso refletiremos seguir.

Compreender o imperialismo do século XXI passa, principalmente, por uma investigação sistemática do crescente alcance das corporações multinacionais e do papel da arbitragem global do valor da força de trabalho. Como dissemos, a produção e a circulação estão agora organizadas no âmbito das CGV, nas quais a periferia atua com distintos níveis de participação e agregação de valor. Mas, ao contrário do que sugerem os defensores desse modelo de dominação, o fato de a produção e a circulação estarem descentralizadas não descentraliza o controle do processo, tampouco socializa a distribuição do valor e do excedente criado. A intensificação dos controles imperialistas das finanças e das comunicações globais é parte inerente desse processo; sem eles a globalização da produção não seria possível (FOSTER, 2019).

Enquanto os analistas da economia tradicional investigam as CGV a partir da produção e da agregação do valor adicionado, tomando capital e trabalho como dois fatores de produção análogos e equilibrados, cabe aos marxistas – que têm a atenção voltada para o imperialismo e dão centralidade à teoria do valor – analisar as CGV pela lógica do trabalho. Com base nisso, estudiosos como John Bellamy Foster, R. Jamil Jonna, John Smith e Intan Suwandi têm defendido a expressão Cadeias de Valor-Trabalho (CVT) para ir além do trabalho e da geração do valor a ele associado e tratar também de elementos como o poder, a dinâmica das classes sociais e outros aspectos que permitam compreender a dimensão de exploração, apropriação e expropriação que estão diretamente relacionados a essa nova forma de organização mundial da produção.

Para Suwandi, por exemplo, é crucial que a análise teórica e metodológica das CVT incorpore o cálculo da variação entre os países relacionados aos custos unitários do trabalho na manufatura (SUWANDI, 2019). A medição dos custos unitários do trabalho – normalmente apresentados como o custo médio do trabalho por unidade de produção real (ou a relação entre a remuneração horária total e a produção por hora trabalhada) – combina a produtividade do trabalho com os custos salariais (o preço do trabalho), o que vai ao encontro da teoria da exploração de Marx.

Dessa forma, quando o exame dos custos unitários do trabalho passa ao primeiro plano, conseguimos ter uma análise mais precisa de como atua o imperialismo no século XXI. As corporações multinacionais são capazes de empreender um processo de troca desigual em que é obtido mais trabalho por menos. A globalização da produção, associada ao modo de manifestação do imperialismo contemporâneo, é constituída em torno de um imenso hiato nos custos salariais entre as economias do centro e as da periferia, o que significa taxas de exploração muito mais elevadas na periferia em relação ao centro.

O objetivo da descentralização da produção associada às CGV não é outro senão o da maximização das margens de lucro bruto mediante a redução dos custos unitários. É bom mencionar aqui que, dentre as estratégias de diminuição dos custos unitários, a mais importante volta-se à parcela dos salários nos custos totais. E, como explica Marx, a redução do total gasto em "capital variável" depende de uma de duas variáveis: ou se reduz o preço dos salários pagos ou se aumenta a produtividade do trabalho. Para autores como Suwandi, o conceito de custo unitário do trabalho combina esses dois elementos, salários e produtividade.

Esses dois elementos estão combinados quando observamos os dados dos países que têm a maior participação nas CVT: China, Índia e Indonésia. Não por acaso, essas três nações são as que têm os menores custos unitários medidos em salários paralelamente com a maior produtividade do trabalho. A conclusão, portanto, é que a organização das CVT é um meio atual de extrair mais-valia através da exploração dos trabalhadores localizados na periferia – ou no Sul Global, na expressão de Suwandi. A produção, embora descentralizada e, agora, amplamente realizada nos países periféricos, não diluiu as fronteiras do imperialismo nem mesmo substituiu a centralidade da categoria Estado Nacional para pensar o imperialismo.

Amin, por sua vez, considera que, embora o capitalismo monopolista atual, com sua prática de desmantelamento dos sistemas nacionais de produção pareça tornar impossível rastrear a origem dos produtos (dada a sua segmentação mundial), os Estados nacionais permanecem instrumentos fundamentais da globalização imperialista, mantendo a centralidade das nações imperiais no controle do processo de produção e do excedente produzido (AMIN, 2015). Segundo Suwandi e Foster, a sede financeira e os centros de controle e acumulação não são nem supra nem transnacionais: o capital é uma relação social que não pode prescindir da proteção de um Estado Nacional mesmo que o seu espaço de acumulação escape às fronteiras geográficas (SUWANDI e FOSTER, 2016). Tal relação íntima entre o "desenvolvimento das corporações multinacionais e os Estados nacionais reforça a importância e o papel do conceito de imperialismo" (CARDOSO, 2020). A lógica da acumulação, portanto, reside na crescente concentração e centralização do controle sobre o capital. A propriedade formal pode ser dispersa – como ocorre com os "proprietários" de ações em planos de pensão –, ao passo que a gestão dessa propriedade é controlada pelo capital financeiro.

A questão fica evidente quando se avalia que, embora China, Indonésia e Índia sejam os principais participantes das CVT, representando a maior parcela do emprego total envolvido nessas cadeias, os Estados Unidos são o principal destino dessas importações. Isso cria uma situação em que a produção e o consumo estão cada vez mais separados. Esse mecanismo se sustenta como parte da reestruturação da economia mundial, impulsionada pela acumulação de capital desenvolvida pela forma específica com que o imperialismo, através da atuação de suas grandes empresas multinacionais, realiza a arbitragem global do trabalho, determinando quais trabalhadores serão mais explorados. As CVT envolvem uma forma de troca desigual baseada em uma hierarquia mundial de salários na qual o capital global (empresas sediadas no Norte Global) captura valor do Sul por meio da superexploração da mão de obra dos trabalhadores.

Em essência, no imperialismo, mais trabalho é obtido por menos dinheiro. Multinacionais oligopolistas gigantes tiram vantagem dos custos unitários de trabalho diferenciados dentro de um sistema imperialista de "valor mundial". Elas controlam grande parte do mercado mundial por meio de suas operações internacionais e o fato de que o capital pode se mover com muito mais liberdade do que a mão de obra (cujo movimento é restrito por fatores como políticas de imigração) permite que as multinacionais tirem proveito das imensas disparidades de preços de trabalho ao redor do globo. Ou seja, "os capitais se orientam a partir da arbitragem global de salários, terceirizando, para as firmas de países periféricos, setores produtivos inteiros. Na globalização neoliberal, orientada pela arbitragem dos salários, os capitais não têm como objetivo principal a mais-valia absoluta (ainda que as jornadas longas sejam também comuns) ou a mais-valia relativa (que exigiria altos investimentos e a disseminação tecnológica), mas sim as maiores taxas de exploração" (MATTOS, 2020, p. 216).

Por isso, é equivocada a afirmação de que as desproporções de agregação de valor nas cadeias são atribuídas só a maior complexidade das atividades desenvolvidas nos países do Norte, pois isso negligencia o fato de que a maior parte do trabalho acontece nas nações mais pobres do Sul. Muitas vezes, o excedente é erroneamente atribuído a atividades econômicas mais "inovadoras" do centro do sistema. Na realidade, a imensa captura do valor nos países periféricos, associada à já mencionada arbitragem global do trabalho, contorna a produção nas economias centrais às custas dos trabalhadores que viram empregados terceirizados dessas grandes empresas; e tudo isso tudo contribui para que se acumulem imensas pirâmides de riqueza (SUWANDI, 2019).

É bom insistir que a troca desigual ocorre por meio de graus distintos de exploração da força de trabalho entre centro e periferia – as taxas distintas de exploração são mais intensas na periferia. Em outras palavras, não é a diferença de produtividade que explica os salários desiguais, mas a necessidade de explorar trabalhadores para aumentar a mais-valia. Por exemplo, a produção por multinacionais estrangeiras diretamente ou através de empresas terceirizadas em países pobres depende da mesma tecnologia (ou quase a mesma) utilizada nas economias ricas, o que leva a níveis comparáveis de produtividade. O resultado, combinado com salários extremamente baixos, é que os custos unitários do trabalho na manufatura nas chamadas economias emergentes de China, Índia, Indonésia e México, em 2014, foram, respectivamente, de apenas 46%, 37%, 62% e 43% dos custos que seriam suportados nos Estados Unidos por igual atividade. Isso gerou margens de lucro bruto inflacionadas para as multinacionais localizadas no Norte apesar do trabalho ter sido realizado no Sul. O custo total de produção (refletido no preço de exportação) para uma camiseta produzida em 2010 por um subcontratado em Bangladesh que trabalhava para a empresa sueca Hennes & Mauritz (H&M) foi de 27% do preço final de venda na Europa, com os trabalhadores em Bangladesh recebendo uma ninharia por seu trabalho. Um trabalhador dessa fábrica recebeu € 1,36 por uma jornada de dez a doze horas. De igual sorte, o aumento de preço (ou a margem de lucro bruto) de um iPhone montado na China em 2009 foi de mais de 64%. As amplas margens de lucro bruto associadas à arbitragem global do trabalho levaram a uma rápida globalização da produção, com a participação mundial do emprego industrial localizado nas economias em desenvolvimento, incluindo emergentes, aumentando de 52% em 1980 para 83% em 2012 (FOSTER, 2019).

A explicação para essa diferença também repousa em elementos já mencionados aqui: há uma livre mobilidade internacional de capital, ao mesmo tempo em que há uma imobilidade internacional de força de trabalho, de modo que os salários são baixos na periferia enquanto há um enorme escoamento de superávit econômico dos países do Sul para as nações do Norte. Como John Smith argumenta, "os vastos fluxos de valor" associados à troca desigual são "tornados invisíveis nas estatísticas do PIB, comércio e fluxos financeiros" (SMITH, 2015) precisamente porque o valor gerado no Sul é "capturado" no Norte. Todas as fontes de renda, sejam os salários, os lucros, o aluguel ou os juros decorrentes das enormes margens de lucro bruto da produção do Sul, são simplesmente contabilizadas como valor agregado no Norte Global, contribuindo para o crescimento do PIB do Norte.

As CGV ou CVT exigem outros dois fatores importantes para sua operacionalização: o primeiro é um novo sistema de gestão do trabalho e de relação entre fornecedores e compradores; o segundo, uma nova relação com a exportação de capitais que ocorre mediante o Investimento Estrangeiro Direto (IED).

Quanto ao primeiro fator, no nível mais geral, essa nova forma de produção envolve um processo em que as multinacionais exercem um controle cada vez mais efetivo sobre seus fornecedores dependentes, e como esse relacionamento é baseado na desigualdade, isso reafirma estruturas de dependência periférica. Para potencializar o lucro excedente, foi necessário lançar mão de um novo sistema de maximização da produção com processos de racionalização sistêmica e produção flexível para conectar a estrutura das cadeias. Isso mostra como as empresas dominantes (multinacionais gigantes) conseguem, dentro das cadeias, extrair mais-valia por meio de vários mecanismos de controle nos processos de produção de seus fornecedores dependentes e no processo de trabalho dos empregados por esses fornecedores.

Quanto ao segundo fator, os IEDs são uma das formas que as corporações multinacionais utilizam para ampliar sua inserção na periferia. O IED foi particularmente ampliado a partir da nova onda de globalização iniciada em 1970. Porém, para além dos IEDs como instrumentos de entrada das multinacionais nos territórios, há uma aceleração do ritmo de externalização dos custos das multinacionais a partir da entrada de empresas subcontratadas, também denominadas de *arm's length contracts* (relações em que multinacionais mantêm parcerias contratuais com essas empresas sem o envolvimento de propriedade direta) – utiliza-se, para tanto, fórmulas de produção que não envolvem capital próprio. Ademais, o "controle financeiro, tecnológico e de comunicações no centro, apoiado pelo controle militar e geopolítico exercido pelos estados capitalistas, permite que as multinacionais sediadas nos principais estados imperiais relocalizem a produção globalmente, sem medo de apropriação, permitindo-lhes extrair a parte maior do valor produzido" (SUWANDI e FOSTER, 2016).

2010 foi um marco, pois, pela primeira vez, a maior parte dos IEDs dirigiu-se para os países periféricos, substituindo, de certo modo, a forma clássica da exportação de capitais. Mesmo com o declínio do IED após 2013, aqueles relativos às economias periféricas mantiveram-se predominantes e em ascensão. No entanto, os investimentos diretos não nos contam a história completa do *offshoring*. A contratação à distância (às vezes referida como "subcontratação" ou "modos de produção não patrimoniais") também é uma parte importante do funcionamento da economia global relacionada ao imperialismo. É aqui que as multinacionais se envolvem em relações contratuais com empresas parceiras sem envolvimento de capital, principalmente no Sul Global, gerando cerca de US$ 2 trilhões em vendas (2010). Por meio desse processo, as empresas podem obter margens de lucro muito altas com suas operações globais e obter controle sobre suas linhas de abastecimento. Mesmo as multinacionais com altos níveis de IED também são grandes subcontratantes internacionais.

Para finalizar, Suwandi afirma a necessidade de levar em consideração: a) o desenvolvimento do capitalismo monopolista dominado hoje por oligopólios multinacionais com considerável alcance global e poder monopolista significativo; b) o processo de lucrar com os diferenciais salariais internacionais por meio da arbitragem global do trabalho, aproveitando os custos unitários do trabalho muito mais baixos nas economias emergentes. Enquanto o primeiro "é especialmente poderoso para nos ajudar a examinar o estágio atual do capitalismo com posições estratégicas ainda mantidas por corporações multinacionais, o último é uma lente útil precisamente porque olha diretamente pelos olhos do capital" (SUWANDI, 2019).

Percebe-se, então, a importância do conceito de superexploração da força de trabalho, cunhado a partir da teoria do valor de Marx e desenvolvido por importantes contribuições teóricas, com destaque para a Teoria Marxista da Dependência. Smith, citando Ruy Mauro Marini, aponta que a superexploração da força de trabalho é o elemento que confere fundamento à dependência. Isso supera as primeiras construções teóricas, especialmente no âmbito da CEPAL – que distinguiam países dependentes, subdesenvolvidos e periféricos tendo como elemento fundante a diferença entre a pauta exportadora desses países e a dos países centrais – atentando, especialmente, para a deterioração dos termos de intercâmbio provenientes do movimento dos preços (SMITH, 2016).

No legado de Marini que embasa a teoria contemporânea do imperialismo presente em Smith, há a crítica – em boa medida já apresentada na análise anterior sobre as CVT – de que o que determina as diferenças salariais entre trabalhadores do centro e da periferia, ou do Norte e do Sul Global, na expressão do autor – seriam os diferenciais de produtividade encontrados em níveis desiguais de composição orgânica dos distintos capitais. Ainda que Smith não negue que tecnologias mais avançadas produzam mais valores de uso – ou seja, mais mercadorias úteis por tempo socialmente empregado de trabalho – a quantidade de valor novo que é gerado não é superior ao de capitais com composição e produtividade mais avançadas. Assim, o autor apresenta um salto qualitativo, dentro do próprio marxismo, na confusão presente entre o valor da força de trabalho e sua produtividade (MATTOS, 2020).

Segundo Smith, os salários mais baixos ou as disparidades salariais globais entre países imperialistas e periféricos – que em geral são de proporções maiores que 10 para 1 e nunca inferiores a 3 para 1 – não têm como fundamento a produtividade, mas sim a excessiva oferta de mão de obra como característica dos países com uma superpopulação relativa abundante. Para ilustrar esse postulado, o autor utiliza o exemplo de um metalúrgico que opera um maquinário altamente sofisticado: esse trabalhador não produz mais valor de troca, embora produza maiores valores de uso. Com isso, ele permite que o capitalista capture uma maior parcela do seu trabalho excedente. A conclusão é que a taxa de exploração não é mais alta em capitais mais produtivos do que em capitais menos produtivos (dialogando com um setor que acredita que os trabalhadores dos países centrais são mais explorados, porque produzem uma maior mais-valia[9]). Segundo Smith, quando alguns marxistas argumentam o contrário – que os trabalhadores das indústrias intensivas em capital produzem mais mais-valia do que os das

---

9   Para a defesa da concepção: KATZ, C. *A Teoria da Dependência 50 Anos Depois*. São Paulo: Expressão Popular, 2020.

indústrias intensivas em mão de obra – estão pensando a partir de conceitos burgueses, não importando estarem vestidos com palavrório marxista (SMITH, 2016).

A superexploração aparece, portanto, como estratégia empreendida pelos capitais dos países imperialistas derivada da dinâmica da concorrência mundial entre capitais descrita por Marx. Vale lembrar que Marx analisou três formas distintas pelas quais o capital pode aumentar a mais-valia, embora mencione apenas duas: a mais-valia absoluta e a mais-valia relativa. O terceiro mecanismo, a redução dos salários abaixo do valor da força de trabalho, Marx remete à esfera da concorrência.

Na globalização neoliberal, que pode ser reconhecida como um novo estágio imperialista do desenvolvimento do capitalismo, o imperialismo é definido por sua essência econômica, a exploração do trabalho vivo do Sul pelos capitalistas do Norte (SMITH, 2020). Smith questiona, ainda, as variáveis econômicas utilizadas pelos autores marxistas que insistem na premissa de que os trabalhadores dos países centrais são mais explorados – como sugerem, por exemplo, Katz e Callinicos, que teriam se utilizado de conceitos como "PIB", "valor agregado" e "valor adicionado", que, como categorias burguesas e do campo da aparência, escondem as forças de determinação real da remuneração da força de trabalho.

Smith retoma, na análise do imperialismo, a premissa de que a relação entre as nações imperialistas e as oprimidas, nas fases iniciais, opunha nações propriamente capitalistas a formações sociais ainda pré-capitalistas, o que é completamente diferente das relações atuais. Dessa forma, Lenin não poderia ter teorizado ou incluído a concepção do valor produzido e transferido no processo de globalização da produção porque a predominância desse tipo de relação era residual. A superexploração do trabalho assalariado, contudo, alcançou proeminência e é ainda maior na era neoliberal, transformando o trabalho vivo na lavoura a ser cultivada como recurso fundamental a ser extraído, tomando, na atual quadra histórica, a forma predominante de "pilhagem imperial" (SMITH, 2020).

Para esse autor, "o impulso dos capitalistas ao monopólio, ou seja, seu desejo de capturar mais-valia às custas de outros capitalistas, junto ao seu desejo insaciável por trabalho superexplorável, se combinam para definir a trajetória imperialista inata e inexorável no capitalismo. O imperialismo e a superexploração estão, portanto, inseparavelmente ligados" (SMITH, 2020, p. 72). Por isso, uma teoria do "imperialismo do século XXI deve explicar como a superexploração modifica a relação de valores. Uma teoria do imperialismo que não o faça é inútil, nula e, necessariamente, uma negação do imperialismo, mesmo se aqueles que o negam continuem a usar 'imperialismo' como um termo descritivo" (SMITH, 2020).

O impulso que toma o imperialismo atualmente vem da necessidade e do desejo insaciável que os grandes grupos capitalistas têm de aumentar a superexploração da força de trabalho e violar a igualdade de troca entre os agentes livres. Essa é a razão, segundo Smith, pela qual o imperialismo não pode ser reduzido a concepções relacionadas apenas à existência e ao desenvolvimento dos monopólios ou à maturidade-hipertrofia do capital. De fato, o "impulso de monopólio dos capitalistas, ou seja, o desejo de capturar mais-valia às custas de outros capitalistas, junto ao seu desejo insaciável por mão de obra superexplorável, se combinam para ditar a trajetória imperialista inata e inexorável do capitalismo, o único caminho possível que o capitalismo poderia ter tomado" (SMITH, 2020, p. 70).

Vale mencionar que a ideia de superexploração da força de trabalho não contradiz o postulado que fundamenta a teoria do valor de Marx, segundo a qual a forma salarial oculta a relação de exploração do emprego da força de trabalho, ou mesmo o princípio da dialética materialista de que há uma oposição entre essência e aparência como lei que rege o sistema dinâmico de contradições no capitalismo. Para autores como Smith, o que torna o imperialismo e a superexploração imediatamente visíveis é a violação sistemática da igualdade entre trabalhadores, o que contraria, consequentemente, a lei do valor – não como negação desse postulado, mas como um mecanismo de violação necessário à manutenção das trocas desiguais de trabalho e da superexploração.

O componente para a existência dessa violação é, como já discutimos, a plena mobilidade de circulação do capital em detrimento da estreiteza da mobilidade da força de trabalho. A violação sistemática da igualdade entre os trabalhadores afeta, portanto, a operacionalização da lei do valor no mercado mundial (relações de valor são relações sociais; portanto, em movimento). A violação da igualdade, aliás, é um dado incontestável, mediado por taxas divergentes de exploração e remuneração da força de trabalho em países distintos.

Muitos fatores interferem na determinação da taxa de salários pagos aos trabalhadores explorados nos países do Norte e do Sul Global. Além da remuneração estar ligada a um padrão material de remuneração que é distinto socialmente, há o elemento que Smith atribui à categoria "moral e histórica", determinada pelo padrão e grau de desenvolvimento da luta de classes. Isso também é diferente nas diversas formações sociais e econômicas. O que os trabalhadores conseguem incorporar no valor da sua força de trabalho em cada país é o resultado da luta de classes que está determinada em nível global, fugindo à determinação particular apenas.

O grau de opressão que é suportado pelos trabalhadores em cada nação – ou seja, o grau em que a igualdade com os trabalhadores em outras partes do mundo é violada – também é um fator que concorre para explicar graus distintos e desiguais de remunerações salariais que não estão vinculados à produtividade. "Argumenta-se aqui que, na era neoliberal, isso se tornou o fator mais importante de todos e é um determinante-chave do quarto fator, cuja importância também aumentou enormemente" (SMITH, 2020, p. 62). "É claro que muitos fatores determinam o valor da força de trabalho e que seu peso relativo muda muito de um período histórico para outro e de um país para outro; tudo isso sublinha porque nosso conceito de exploração deve ser concreto, atualizado e baseado em análises empíricas, não apenas simplesmente retirado d'*O Capital* de Marx e aplicado mecanicamente à realidade imperialista contemporânea, como se as transformações do último século e meio nunca tivessem acontecido" (SMITH, 2020, p. 63).

Independentemente das formas de manifestação do imperialismo vistas até aqui – de caráter espoliativo clássico ou mais vinculadas a formas tipicamente capitalistas de captura da mais-valia – o que se mantém vivo é a transferência internacional de valor. Isso ocorre porque o que motiva os capitalistas a obter formas de investimentos nos países periféricos é a maximização da apropriação do lucro – seja o comercial, o empresarial ou o fictício, através de juros ou rendas de monopólio (LEITE, 2018). O comércio mundial, arena da manifestação da troca desigual e da transferência de valor, expressa a própria maturação do capitalismo e de sua lógica de ser um modo de produção em que o capital é compreendido unicamente dentro de um processo permanente de autoexpansão e valorização do valor. Marx já denunciava que o capitalismo não poderia se reproduzir continuamente sem a existência do comércio externo. Em síntese, o que motiva o comércio internacional é a realização do valor incorporado no capital-mercadoria, mas que estabelece, através da troca, um processo de apropriação de lucros extras e superlucros.

Vale a pena relembrar que o mercado internacional não apenas é o *locus* de realização da lei do valor em escala mundial, mas também se sobressai como um dos elementos que pertencem ao conjunto de leis que obstruem a lei da queda tendencial da taxa de lucro. À medida que a troca desigual, o excedente invertido dos monopólios e outros aspectos da transferência de valor contribuem para a tendência de reversão dos lucros nos países centrais, contornando os limites para acumulação de capital, isso é confirmado.

Marx já enunciava que há, em razão da concorrência intercapitalista e pela possibilidade de entrada e saída de capitais de distintos ramos de produção, uma tendência à equalização e à constituição de uma taxa média de lucro para os distintos capitais (MARX, 2017). É isso que explica porque capitais com menor composição orgânica, embora produzam mais-valia por empregar mais trabalho, apropriem-se de uma menor taxa de lucro e transfiram mais valor a outros ramos do capital sistematicamente. É importante apontar aqui que o elemento da transformação dos valores em preços de produção refere-se a processos de transferência de valor que envolvem ramos ou setores de produção distintos uns dos outros.

Como já se viu, na dinâmica concreta da concorrência intercapitalista, as mercadorias não são mais vendidas pela média dos seus valores, mas a partir do seu preço de produção. O preço de produção é dado pelo preço de custo somado ao lucro médio (mais-valia). Ao verificar o "desvio do preço" em relação ao valor, Marx nota que os setores com composição orgânica maior do que a média vendem suas mercadorias por um preço superior ao preço de custo – portanto, acima do preço de produção. Já os capitais que têm uma composição orgânica menor do que a média terão um desvio negativo em relação aos preços de produção, com preços de produção maiores e, por isso, transferindo mais-valia para o outro setor mais produtivo.

Vale registrar que tratamos do elemento da transferência de valor entre capitais de ramos distintos, o que é diferente quando estão em jogo capitais do mesmo setor, quando irá vigorar outra distinção que é a entre o valor individual e o valor social de um determinado tipo de mercadoria. Nesse caso, "os capitais mais avançados tecnicamente conseguem produzir suas mercadorias por um valor individual abaixo do valor social. Porém, como é o valor social que estabelece os parâmetros do preço no mercado, os capitais mais avançados venderão seus produtos acima do seu valor individual, obtendo um lucro extra, fruto da apropriação de uma mais-valia extra" (BREDA, 2020, p. 107).

Smith sintetiza essas duas modalidades de transferência de valor examinando como elas acontecem concretamente na dinâmica da exploração imperialista. Para ele, há uma primeira forma, relacionada às trocas que ocorrem entre setores, medida pelas diferenças entre composições orgânicas do capital e também por taxas de exploração díspares e que está ligada à obtenção de uma mais-valia extraordinária.

Essa é a forma predominante de relação que se estabelece entre países imperialistas que trocam bens e serviços que são similares; muito diferente da segunda forma, que se dá com a transferência de valores entre capitais de distintos ramos de produção e está relacionada ao comércio de mercadorias entre os países imperialistas e os por eles oprimidos (SMITH, 2016).

Breda realizou uma importante pesquisa sobre o intercâmbio desigual de mercadorias comercializadas pelo Brasil com os demais países entre o período de 2000 a 2014 e constatou elementos conjunturais e de estrutura das trocas desiguais para estudar a permanência das relações de exploração capitalista. Curiosamente, no período entre 2003 e 2011 houve uma redução absoluta e relativa das transferências líquidas de valor para o exterior. Esse elemento não sugere, porém, uma modificação estrutural, mas sim a reafirmação da vulnerabilidade cíclica da economia (com uma pauta de exportação cada vez mais reprimarizada[10]) em relação ao ciclo de valorização dos produtos primários no mercado internacional e ao fato de que os setores com maior produtividade no país se encontrarem, justamente, no setor agrário-mineral exportador.

Segundo o autor, no caso da troca de produtos primários por bens manufaturados é necessário ressaltar que isso ocorre sob condições de um mercado internacional bastante liberalizado, no qual a lei do valor tende a operar plenamente estabelecendo uma taxa média de lucro e preços de produção de nível internacional. Dá-se, assim, um intercâmbio desigual entre setores de composição orgânica inferior

---

10   Por reprimarização se entende o processo no qual as exportações de produtos primários passam a superar as de produtos manufaturados.

– que são os predominantes no Brasil e nos demais países latino-americanos – para setores de composição orgânica superior (BREDA, 2020).

A prova do elemento cíclico e da vulnerabilidade da economia brasileira ao aumento dos preços internacionais das matérias-primas exportadas pela periferia é que, nos anos de 2011 e 2012, tão logo as tendências internacionais se modificavam, observa-se uma interrupção na tendência de redução das transferências de valores. Ou seja, paradoxalmente, a reprimarização da pauta exportadora da economia brasileira, concatenada à desindustrialização doméstica, mesmo que tenha freado excepcionalmente a deterioração dos termos de troca, mostra o quanto é insustentável esse pilar de apoio.

Além disso, há a transferência de valor em razão do movimento das trocas no comércio internacional, mais difícil de mensurar porque também existe uma segunda forma de transferência de valor que Leonardo Leite denomina de "transferência de valor pela fragmentação do mais-valor [ou mais-valia] em lucro, juro e renda" (LEITE, 2017). Essa forma, diferente da anterior, é mais visível porque consta nas estatísticas burguesas mediante a análise das contas nacionais. Esse fluxo de valor das economias dependentes para os centros imperialistas é, nas palavras de Leite, "visível a olho nu – não mais encoberto, oculto, invisível, como ocorria com o comércio exterior. Basta abrir um balanço internacional de pagamentos e constatar a existência da conta 'rendas de investimentos', dentro da qual se inclui os montantes de lucros e dividendos remetidos ao exterior e o pagamento de juros" (LEITE, 2017, p. 230).

Esse tipo de transferência, relacionada ao valor que é apropriado pelo capital estrangeiro como contrapartida de várias modalidades de investimento (seja investimento direto, investimento em carteira, derivativos, compra de títulos da dívida ou outros), diz respeito à transferência de mais-valia como resultado do pagamento pela propriedade do capital. Também não podem ser ignorados pagamentos à propriedade do capital imperialista por propriedade intelectual, venda de serviços (como fretes e aluguéis) e outras remunerações ao uso do capital sediado em outro país.

Breda demonstra que, no Brasil, houve um aumento do IED e do investimento estrangeiro em carteira no período analisado. No caso do investimento estrangeiro direto, o aumento do fluxo anual passou de cerca de US$ 10 bilhões por ano, em 2003, para cerca de US$ 60 bilhões em 2013 – e o estoque foi de US$ 100 bilhões para mais de US$ 700 bilhões –, tendência que só observa uma pequena quebra devido à crise de 2008. Breda aponta que, após a crise mundial, a entrada de IED no Brasil mudou de padrão: caem os investimentos em expansão ou criação de capacidade produtiva – chamados *greenfields* – e aumentam os fluxos para fusões e aquisições, aplicações financeiras e recomposição de caixa das filiais. De qualquer forma, o IED mantém-se na casa de pouco mais de 3% do PIB brasileiro, o que faz o país estar entre os cinco países que mais recebem esse tipo de investimento no mundo.

Segundo o autor, é perceptível que quanto maior for o fluxo de capitais que entram, maiores serão os fluxos subsequentes de remessas ao exterior. Essa forma de transferência de valor "parece ter um comportamento pró-cíclico, ou seja, nos momentos de crescimento da economia brasileira eles se ampliam, devido ao crescimento dos lucros, e quando a economia perde dinamismo, o crescimento arrefece, os lucros caem e as remessas diminuem. Essas duas evidências são argumentos importantes para uma crítica ao papel do investimento estrangeiro, até hoje encarado como remédio para os baixos níveis de investimento nos países latino-americanos. Os números sugerem o oposto: os investimentos estrangeiros são mecanismos de descapitalização das economias periféricas" (BREDA, 2020, p. 193).

Sobre as remessas de lucros e dividendos (principais componentes do balanço de renda de investimentos diretos), nota-se que o quadro de déficit se manteve durante todo o período analisado, inclusive indicando que as remessas de juros de títulos negociados no mercado doméstico cresceram no período, o que aparentemente se deve a um maior aumento de não-residentes também no estoque de dívida pública interna brasileira. No que tange à balança de serviços, a tendência foi de aumento das transferências, principalmente via propriedade intelectual – serviços de telecomunicação, computação e aluguel, o que denota um aprofundamento da dependência científico-tecnológica e a regressão do setor industrial brasileiro.

Ainda segundo Breda, "o padrão de reprodução do capital que vigora atualmente na América Latina tende sim a exacerbar os mecanismos de transferência de valor em suas duas formas no longo prazo. Essa era a tendência que observamos no período anterior a 2003, e essa é a tendência que parece se reativar após o interregno 2003-2010. Uma próxima etapa do trabalho deverá ampliar o horizonte temporal de análise, à medida que dados mais recentes permitam verificar o que ocorreu com a transferência de valor, principalmente com o intercâmbio desigual, após 2014" (BREDA, 2020, pp. 205-206).

O elemento da transferência de valor, longe de reduzir a análise à dimensão apenas econômica, revela o âmago da economia política: para haver transferência de valor, mais do que capitais com distintos níveis de produtividades e composições orgânicas interagindo no mercado mundial, é necessário existir um Estado que sustente a produção, a reprodução desse modelo e, mais do que isso, a reprodução do padrão de relação social fundamental do capitalismo: a exploração de classe. Assim, entendemos que o imperialismo serve ao modo de produção capitalista realizando os seus objetivos de reprodução ampliada do capital e driblando a dinâmica intrínseca de limites à acumulação (metas que são, em grande medida, alcançadas pela manipulação da dinâmica de trocas no mercado internacional: a troca desigual).

Imperialismo, anti-imperialismo e questão nacional na América Latina

Por fim, gostaríamos de fazer uma reflexão sobre o imperialismo, as lutas anti-imperialistas e o papel da questão nacional não apenas do ponto de vista do conteúdo anti-imperialista das lutas populares latino-americanas, mas também como caminho de edificação da luta anticapitalista e socialista em nosso continente com base na observação da nossa formação econômica particular e nas experiências pregressas das revoluções vitoriosas nos países periféricos.

Para tanto, é necessário compreender que, embora o capitalismo seja um modo de produção universal e carregue consigo uma série de normatividades gerais e tendenciais que buscam se desenvolver onde quer que ele exista como modo de produção e reprodução das relações econômicas e sociais, seu desenvolvimento não acontece de forma análoga em todos os locais. Assim, ainda que existam elementos universais, há que se estudar em profundidade o que se expressa em cada formação social e econômica.

Na América Latina, por exemplo, a transição ao capitalismo não só ocorreu em um período histórico diverso do das experiências de capitalismo originário, mas se deu, sobretudo, em um período em que o capitalismo já expressava sua face monopolista e imperialista. Isso resultou em um conjunto de particularidades que devem comparecer à análise se nosso objetivo for mais do que apenas compreender o imperialismo, superá-lo.

Partimos da premissa de que a questão nacional (ou questão da libertação nacional) é o elemento que move as lutas anti-imperialistas na América Latina. Desde as lutas de independência, o elemento nacional aparece atrelado à defesa dos interesses do povo explorado. Simon Bolívar, um dos grandes expoentes das lutas de independência latino-americanas, já apontava que o nascente imperialismo estadunidense se constituía em entrave para o desenvolvimento e a realização das potencialidades da América Latina. Nas palavras dele, os Estados Unidos "pareciam destinados pela providência a encher de misérias o continente em nome da liberdade" (BOLÍVAR, 2015, p. 131).

Tanto Bolívar como José Martí identificaram o nascente imperialismo do seu tempo e compreenderam que o projeto internacionalista de libertação da América passava por um conjunto de pautas capazes de mobilizar, dialeticamente, o nacionalismo e o internacionalismo. Nacionalismo porque partia dos anseios e das reivindicações populares de formações sociais particulares; e internacionalismo em decorrência da compreensão de que o inimigo era o mesmo a subjugar os oprimidos em todo o mundo. Nas palavras de Fernando Heredia, grande expoente da fase de consolidação da Revolução Cubana, o "internacionalismo significa, antes de tudo, libertação nacional da dominação estrangeira imperialista e, conjuntamente, solidariedade, união estreita com os oprimidos das outras nações" (HEREDIA, 2007, p. 36).

A particularidade das formações sociais latino-americanas é que, apesar de capitalistas, são tributárias de um capitalismo dependente, um arranjo próprio que é "produto de uma situação histórica em que o destino da sociedade fica submetido aos desígnios de burguesias que são incapazes de conciliar desenvolvimento econômico, soberania nacional e democracia" (SAMPAIO, 1999, p. 131). Nesse sentido, pelas características do capitalismo dependente a que estamos submetidos e pelo arranjo específico de dominação autocrática das burguesias nacionais, no desenrolar desse movimento que empunha a bandeira da questão nacional e democrática, o horizonte anticapitalista e socialista sempre se apresenta como dimensão fundamental, visto que é impossível concretizar tarefas nacionais e democráticas nos marcos do capitalismo.

Compreender qual é a questão nacional na América Latina passa, necessariamente, pelo entendimento da particularidade de nossa inserção no capitalismo internacional. Se para os países de capitalismo central (países desenvolvidos e que foram palco de "legítimas" revoluções burguesas – e nacionais – e que tiveram seu desenvolvimento econômico baseado na industrialização e na generalização da proletarização assalariada) falar em "nacionalismo" ou em questão nacional pode cheirar a xenofobia, para os países da periferia o cenário é bem distinto.

Segundo José Carlos Mariátegui, o "nacionalismo das nações europeias, onde o nacionalismo e o conservadorismo se identificam e se consubstanciam, se propõe fins imperialistas, sendo reacionário e antissocialista. Mas o nacionalismo de povos coloniais, sim, coloniais economicamente, ainda que se vangloriem de sua autonomia política, tem origem e impulso totalmente diversos. Nesses povos o nacionalismo é revolucionário e, portanto, conclui-se no socialismo". Ainda segundo Mariátegui, nesses povos oprimidos "a ideia de nação não cumpriu ainda sua trajetória nem esgotou sua missão histórica" (MARIÁTEGUI, 2005, p. 250).

Diferentemente do que aconteceu nas nações capitalistas centrais, que no transcurso de suas revoluções burguesas realizaram verdadeiras revoluções nacionais, nos movimentos de independência latino-americanos, sobretudo no Brasil, as consignas típicas da revolução burguesa foram deturpadas, o que resultou em um processo de generalização do capitalismo junto com a manutenção do "atraso" e da dependência. Dessa forma, as aspirações à modernidade capitalista processadas no centro, não foram realizadas aqui, onde ocorreram processos de independência alheios à participação popular. No entanto, os anseios de liberdade, igualdade, desenvolvimento e democracia não desapareceram nas camadas populares e, ao não serem realizados pelas burguesias nacionais, apareceram retransmitidos para as gerações seguintes e no conteúdo dos movimentos anticapitalistas e anti-imperialistas de libertação nacional como reivindicações nacionais, traduzidos especialmente na luta por direitos democráticos e pela reforma agrária (PIRES, 2015). Assim, o esquecimento da questão nacional na independência e no processo de constituição do Estado fez com que ela, na América Latina, se traduzisse em um tema próprio da luta popular (PIRES, 2020).

Pode parecer, à primeira vista, que essa luta se confundiria com a tentativa de reedição de uma revolução burguesa no Brasil. Não se trata disso. O conjunto das reformas de caráter estrutural e modernizantes não pode ser levado adiante pela burguesia, uma vez que ela está associada e serve ao capital imperialista. A revolução nacional brasileira, portanto, só pode nascer das mãos da classe trabalhadora por não estar comprometida com os interesses dos capitalistas. À medida que a classe trabalhadora é portadora desse conteúdo revolucionário, a questão nacional deixa de servir à reforma do capitalismo e passa a concretizar seu imediato oposto, a constituição das bases de sua destruição, traduzindo-se em um movimento de dimensões eminentemente populares e anticapitalistas.

Não somente na América Latina, mas na quase totalidade das nações subjugadas pela força do imperialismo, destaca-se o "potencial revolucionário e socialista das lutas de libertação nacional" (AMIN, 1987, p. 210). A prova empírica desse caráter é que "a reação do Imperialismo aos movimentos de libertação nacional coloca em evidência que o caráter nacional e democrático dessas lutas é necessariamente anticapitalista" (PIRES, 2020, p. 109).

A questão nacional, em síntese, é o elemento prioritário do programa da revolução socialista nos países de capitalismo dependente, subdesenvolvidos e "atrasados", a bandeira principal da revolução nessas formações sociais dependentes do imperialismo. É na questão nacional que se expressam as principais contradições que movem a disputa política e econômica entre as classes, entre as que dominam e as que são dominadas. Se para os países de capitalismo desenvolvido a principal contradição é a que existe entre explorados e exploradores do ponto de vista dos detentores (ou não) dos meios de produção, para nós a luta passa pela bandeira da questão nacional, uma vez que o esforço contra a opressão produzida pela burguesia nacional não se separa da questão da exploração do capital internacional sobre as nossas formações sociais dependentes.

Florestan Fernandes (2005) e Caio Prado Júnior (1972) identificaram que a revolução nacional, no primeiro, e a revolução brasileira, no segundo, articulam um conteúdo que une, em um mesmo e ininterrupto processo, pautas estruturais de reformas com a perspectiva revolucionária, demonstrando que uma certa visão dogmática e apriorística do marxismo "oficial" (selado por determinada interpretação que teve lugar nos anos 1940, 1950 e 1960) foi incapaz de apreender que reforma e revolução não necessariamente se separam nas formações sociais dependentes. Ou melhor, que apesar de existirem reformistas, os caminhos para a conquista revolucionária do poder político passam pela mobilização da luta popular que tem como pauta principal um conjunto de transformações estruturais em que a questão nacional, democrática e popular ocupa espaço prioritário. A questão social e a nacional encontram aqui um ponto nevrálgico de interseção.

Isso pode soar estranho, como se a questão de classe acabasse negligenciada. Ao contrário, estamos afirmando uma teoria que se coaduna com a prática revolucionária ligada à luta de classes. Mesmo quando diversos movimentos populares, intelectuais e revolucionários latino-americanos utilizam a palavra "povo", isso não expressa uma uniformidade ou a perspectiva de um universo supraclasse.

As palavras, fora da abstração conceitual, adquirem o conteúdo dado na própria construção política concreta. Fidel Castro, em *A história me absolverá*, elaborou o conceito de "povo cubano" como categoria de análise teórica e estratégica a partir do que representava essa expressão em um país com o legado de uma questão nacional não resolvida. Percebe-se, pois, que a questão de classe deve se expressar na concretude. No caso da América Latina, a questão de classe não sobrevive no vazio conceitual: ela se dá em um contexto concreto que aparece na conciliação da questão social com a questão nacional.

Enfrentar o imperialismo, na prática, significa enfrentar duplamente a burguesia: do ponto de vista externo e interno. Com isso, a prática política das lutas de libertação nacional na América Latina vai ensejar, naturalmente, os contornos da luta de classe, menos pela "teoria" e mais pelos interesses concretos que estão em jogo: os pobres e trabalhadores da classe dominada precisam construir uma nação para si, autônoma e soberana para aspirar sair da pobreza; por outro lado, os ricos, os burgueses e os demais representantes das classes dominantes necessitam o aval e a fiança da dominação imperialista para se sustentar internamente.

Sobre o tema, Florestan Fernandes identificou que a burguesia brasileira vive sob uma "dupla articulação". A primeira é relacionada ao capital externo. A partir da dependência e subordinação a ele, a burguesia não pode levar adiante um projeto autônomo e radical de desenvolvimento econômico, mesmo que isso aumente suas taxas de lucros. Por outro lado, não pode avançar no desenvolvimento e na industrialização interna porque isso a colocaria em contradição com os interesses do imperialismo. E se os Estados Unidos não seguirem como suporte da burguesia brasileira, ela sucumbe enquanto classe dominante. A burguesia consegue sobreviver internamente porque recorre frequentemente ao uso da força e às técnicas avançadas de propaganda, contando com a ajuda do imperialismo para isso.

Em síntese, o conteúdo de classe de uma determinada transformação social se mede na prática política e não na literatura acadêmica. Dizer que o programa da revolução é de "classe" não quer dizer absolutamente nada. Por outro lado, dizer que o programa da revolução é de libertação nacional é materializar o conteúdo de classe porque só a classe trabalhadora pode empunhar essa bandeira nos países de capitalismo dependente e subdesenvolvido – como são os países da América Latina.

Para Caio Prado Júnior (1966), a revolução brasileira é a transição do Brasil colônia de ontem para o Brasil nação de amanhã. Significa, portanto, superar o essencial de nosso passado – a profunda subordinação e vinculação aos negócios capitalistas internacionais e o regime social baseado na segregação. Isso passa por afirmar uma sociedade em função dos interesses nacionais contra o imperialismo: uma espécie de nova e verdadeira independência.

A história das revoluções socialistas mobilizaram o sentimento nacional de cubanos e vietnamitas, por exemplo. A questão das nacionalidades foi decisiva na Revolução Russa. Hoje, a Revolução Bolivariana significa defender a Venezuela da agressão do imperialismo e lá as multidões envergam sua bandeira nacional e se vestem de vermelho para preservar as conquistas dos últimos anos.

Foi através da questão nacional, da necessidade de libertar-se da dominação externa imperialista e se tornar uma nação autônoma que foram movidas todas as revoluções em nosso continente. Isso, por si só, justifica a questão nacional como principal elemento do programa revolucionário. Segundo Pires, em busca de resistir ao estrangulamento da soberania das nações latino-americanas, o movimento de libertação dos povos é portador de um conteúdo universal de emancipação, visto que seu movimento é necessariamente um confronto com o imperialismo. Desse modo, uma luta de libertação nacional carrega e é determinada pela luta anticapitalista (PIRES, 2015).

Florestan Fernandes (2009), ao identificar os movimentos de luta dentro e fora da ordem, não os trata como conteúdo dividido em etapas, tampouco sugere que a revolução dentro da ordem seja possível nos marcos do capitalismo. Pelo contrário, para ele a revolução dentro da ordem se articula e se confunde com a revolução contra a ordem. A desagregação do Estado burguês seria fatal. Perdido ou anulado pela maioria da população o esteio da violência institucional encarniçada, ele desaba. Os que sempre foram tratados como "inimigos da ordem" e excluídos da sociedade civil só acham uma saída: construir uma ordem social própria e uma sociedade civil transitória que ligue a revolução nacional-democrática e anti-imperialista à vitória do socialismo.

Dessa forma, o projeto de lutas por reformas estruturais (dentro da ordem), na medida da impossibilidade de sua realização no capitalismo dependente em razão do imperialismo, se levado até o fim pelos movimentos populares, cederia lugar à luta contra ou fora da ordem em um processo ininterrupto em que a classe trabalhadora teria que superar as contradições próprias da sociedade de classes e do capitalismo dependente. Esse processo de avanço das reformas e de realização dos direitos alteraria a correlação de forças, criando uma situação de impasse que colocaria no horizonte de luta a superação da dominação do Estado e da sociedade de classes pela retomada dos meios de produção em esforço típico de um processo revolucionário socialista.

Florestan Fernandes, ao observar a maior experiência de revolução socialista latino-americana, a cubana, afirmou que "pela primeira vez, na história da América Latina, uma revolução nacional deixaria de dissociar o elemento nacional do elemento democrático e, ao vencer, a ideia de nação arrasta com ela a construção de uma ordem democrática inteiramente nova e socialista" (FERNANDES, 2007). Para Pires, em razão do triunfo da Revolução Cubana, as aspirações profundas dos povos latino-americanos entraram na história em meio a um projeto de libertação nacional direcionado ao comunismo (PIRES, 2015).

Por isso, acreditamos que o programa da revolução é o da resolução da questão nacional, o que envolve: a) a questão da libertação nacional – a soberania política e a independência econômica; b) a questão do desenvolvimento – a necessidade de avançar no desenvolvimento econômico e romper o universo de contradições com o imperialismo; c) a questão democrática – a busca por democratizar a política e enfrentar a cultura do autoritarismo; d) a questão de classe – que perpassa todas as outras em relação ao sujeito que move e dirige todo esse processo de ruptura e transformação.

Não se pode resolver a questão nacional e atingir o socialismo senão pela via da revolução anti-imperialista; tampouco se pode consumar a revolução anti-imperialista sem atingir o socialismo. Entre ambas, há uma ligação essencial indissolúvel: anti-imperialismo e socialismo são faces de uma única revolução, e não duas revoluções.

CONSIDERAÇÕES FINAIS

Caro leitor, espero que as informações sobre a trajetória do conceito imperialismo, a compreensão histórica do fenômeno imperialista e, principalmente, a centralidade do tema para pensar o capitalismo e a luta de classes hoje sejam úteis. Resgatar o conceito à luz dos clássicos com as devidas mediações para entender a formação e a atuação do imperialismo contemporaneamente foi o meu principal objetivo.

A título de conclusão, vale reafirmar algumas teses que acredito centrais: a) o imperialismo é um fenômeno historicamente datado, surge com o desenvolvimento do capitalismo e o acompanha; b) não existe, até o momento (e parece não poder existir), um capitalismo separado da expressão política do imperialismo como forma de manutenção de um tipo de desenvolvimento que é combinado – envolvendo países centrais e periféricos em processos cada vez mais integrados de produção e circulação – mas desigual, visto que essa integração produz e reproduz desigualdades; c) o imperialismo é a fase superior do capitalismo monopolista que, atualmente, se expressa no capitalismo financeirizado (e neoliberal); d) embora a forma de atuação da atividade econômica esteja cada vez mais descentralizada – fenômeno verificado pela emergência das CGV –, o elemento de controle e apropriação do excedente segue ditado pelos países imperialistas no processo de arbitragem do valor da força de trabalho direcionado à superexploração.

O imperialismo, apesar de ser um fenômeno que envolve muitos países, tem os Estados Unidos como protagonista. Não faz sentido identificar no imperialismo uma força monolítica sem centro dirigente principal. Diante da vultosa estrutura produtiva, do poderio militar incontrastável, da pressão política que costuma exercer sobre outros países, do poder de senhoriagem da moeda e de outros elementos tratados neste livro, estamos autorizados a afirmar que o imperialismo é, sobretudo, estadunidense.

O imperialismo é, ainda, um fenômeno que, nos países de capitalismo dependente, manifesta-se de fora para dentro e internamente. Assim, não é apenas uma força externa que subjuga as nações e as burguesias locais sob sua mão pesada. As burguesias nacionais só podem ser chamadas assim em razão do local de onde partem porque, de fato, são subordinadas e dependentes do capital imperialista, ainda que suas sócias minoritárias.

Por fim, vale insistir: a luta anti-imperialista é fundamental na construção de um projeto anticapitalista de caráter socialista na América Latina. Trata-se de uma luta das classes trabalhadoras e dos oprimidos desses países; somente eles podem ser verdadeiramente nacionalistas e empreender um combate consequente, até o fim, contra a dominação imperial e a exploração capitalista.

REFERÊNCIAS BIBLIOGRÁFICAS

AMARAL, Marisa. *Teorias do imperialismo e da dependência: atualização necessária ante a financeirização do capitalismo*. São Paulo: FEA-USP, 2012. Tese de Doutorado.

AMIN, Samir. "El comercio internacional y los flujos internacionales de capitales". In: AMIN, Samir et al. (org.). *Imperialismo y comercio internacional: el intercambio desigual*. Córdoba: PyP, 1972.

_____. "Contemporary imperialism". *Monthly Review*, vol. 67, 2015.

_____. *O desenvolvimento desigual: ensaios sobre as formações sociais do capitalismo periférico*. Rio de Janeiro: Forense Universitária, 1976.

_____. *Imperialismo e desenvolvimento desigual*. São Paulo: Vértice Editorial, 1987.

_____. "O imperialismo, passado e presente". Dossiê Impérios e Imperialismos. *Tempo 9* (18). Jun., 2005.

_____. "A nova estrutura imperialista". *Monthly Review*, vol. 71, ed. 3, jul-ago, 2019.

_____. "Understanding the political economy of contemporary Africa". *Africa Development*, vol. 39, nº 1, pp. 15-36. 2014.

ANDERSON, Perry. *Considerações sobre o marxismo ocidental; Nas trilhas do materialismo histórico*. São Paulo: Boitempo, 2004.

BARAN, Paul; SWEEZY, Paul. *Capitalismo monopolista*. Rio de Janeiro: Zahar, 1974.

BELLUZZO, Luiz Gonzaga. "O declínio de Bretton Woods e a emergência dos mercados 'globalizados'". *Revista Economia e Sociedade*. Vol. 4, nº. 1, jun. Campinas, 1995.

BOLÍVAR, Simón. *Independência e unidade latino-americana — Escritos políticos*. Traduzido pelas Brigadas Populares e Marcha Patriótica. Rio de Janeiro: Consequência, 2015.

BORON, Atilio. "Democracia e movimentos sociais na América Latina". *Revista em Pauta*, v. 19-37. 2007.

_____. *Imperio & imperialismo. Una lectura crítica de Michael Hardt y Antonio Negri*. Buenos Aires: Clacso, 2004.

_____. "Notas sobre a atualidade do imperialismo e a nova estratégia de segurança nacional dos Estados Unidos". In: LÓPEZ, Emiliano (org.). *As veias do Sul continuam abertas: debates sobre o imperialismo do nosso tempo*. São Paulo: Expressão Popular, 2020.

BREDA, Diógenes. *A transferência de valor no capitalismo dependente contemporâneo: o caso do Brasil entre 2000 e 2015*. Campinas: Instituto de Economia-Unicamp, 2020. Tese de Doutorado.

BRENNER, Robert. *O boom e a bolha*. Rio de Janeiro: Record, 2003.

BUKHARIN, Nikolai. *A economia mundial e o imperialismo*. São Paulo: Nova Cultural, 1988.

CANO, Wilson. "América Latina: do desenvolvimentismo ao neoliberalismo". In: FIORI, José Luís (org.). *Estados e moedas no desenvolvimento das nações*. 4ª ed. Petrópolis: Vozes, 2012.

CARCANHOLO, Marcelo. "O atual resgate crítico da teoria marxista da dependência". *Trab. Educ. Saúde*, Rio de Janeiro. Vol. 11, nº. 1, pp. 191-205, jan./abr. 2013.

CARDOSO, André. "As cadeias de produção global e as novas formas do imperialismo hoje". *Revista Estudos do Sul Global*. nº. 12 – 1. Instituto Tricontinental de Pesquisa Social. São Paulo, 2020.

CHESNAIS, François. *A finança mundializada*. São Paulo: Boitempo, 2005.

_____. *A mundialização financeira: gênese, custos e riscos*. São Paulo: Xamã, 1999.

_____. *Uma nova fase do capitalismo*. São Paulo: Xamã, 2003.

COGGIOLA, Osvaldo. "A guerra mundial, a cisão socialista e as origens da Internacional Comunista". Disponível em: https://edisciplinas.usp.br/pluginfile.php/3075475/mod_resource/content/0/Origens%20da%20Internacional%20Comunista%20%20Osvaldo%20Coggiola.pdf

CORRÊA, Hugo. "Teorias do imperialismo no século XXI". In: *Adequações do debate no marxismo*. Niterói: Faculdade de Ciências Econômicas Programa de Pós-Graduação em Economia-UFF, 2012. Tese de Doutorado.

REFERÊNCIAS BIBLIOGRÁFICAS

DUMÉNIL, Gerard; LÉVY, Dominique. "O imperialismo na era neoliberal". *Crítica Marxista*. São Paulo: Revan. Vol. 1, nº 18, pp. 11-36. 2004.

ESPÓSITO, Maurício. *A importância do capital internacional nas transformações da estrutura produtiva brasileira: da industrialização à desindustrialização*. Campinas: Instituto de Economia-Unicamp, 2016. Dissertação de Mestrado.

FERNANDES, Florestan. *Capitalismo dependente e classes sociais na América Latina*. São Paulo: Global, 2009.

_____. *O negro no mundo dos brancos*. São Paulo: Global, 2007.

_____. *A revolução burguesa no Brasil: ensaios de interpretação sociológica*. São Paulo: Globo, 2005.

_____. *Significado atual de José Carlos Mariátegui. A Contestação Necessária*. São Paulo: Expressão Popular, 2015.

FERNANDES, Luís Eduardo. *Para a crítica do combate à corrupção: imperialismo tardio e ofensiva (neo)liberal no Brasil recente*. Rio de Janeiro: Escola de Serviço Social da UFRJ, 2021. Tese de Doutorado.

FIORI, José Luís. "Brasil e América do Sul: o desafio da inserção internacional soberana". Textos para discussão. CEPAL. IPEA nº 42. Brasília, 2011.

_____. *O voo da coruja: para reler o desenvolvimentismo brasileiro*. Rio de Janeiro: Record, 2003.

FOSTER, John Bellamy. "Imperialism and 'Empire'". *Monthly Review*, vol. 53, nº 7, dez., 2001.

_____. "O imperialismo tardio". *Monthly Review*, vol. 71, ed. 3, jul-ago 2019.

_____. "A nova era do imperialismo". *Monthly Review*, vol. 55, nº 3 jul-ago, 2003.

_____. "O redescobrimento do imperialismo". In: *A teoria marxista hoje. Problemas e perspectivas*. Buenos Aires: CLACSO, 2007.

FURNO, Juliane. *Limites e possibilidades do desenvolvimento econômico na periferia capitalista: a política de conteúdo local no setor de petróleo e gás*. Campinas: Instituto de Economia-Unicamp, 2020. Tese de Doutorado.

FURTADO, Celso. *Pequena introdução ao desenvolvimento: enfoque interdisciplinar*. São Paulo: Companhia Editora Nacional, 1980.

GEBRIM, Pedro. *Nova Rota da Seda: afirmação do interesse nacional chinês sobre seu espaço estratégico?* Campinas: Instituto de Economia-Unicamp, 2019. Monografia de Conclusão de Curso.

GONÇALVES, Reinaldo. *Globalização e desnacionalização*. 2ª ed. São Paulo: Paz e Terra, 1999.

GOUVÊA, Marina. *Imperialismo: aproximação ao debate marxista sobre a caracterização do capitalismo na virada para o século XX*. Rio de Janeiro: Instituto de Economia-UFRJ, 2012. Dissertação de Mestrado.
HARDT, Michael; NEGRI, Antonio. *Império*. Rio de Janeiro: Record, 2001.
HARVEY, David. "David Harvey's response to John Smith on imperialism". *Union for Radical Political Economics*, 23 de fevereiro de 2018. Disponível em https://urpe.org/2018/02/23/david-harveys-response-to-john-smith-on-imperialism/.
_____. *O neoliberalismo: história e implicações*. São Paulo: Loyola, 2008.
HEREDIA, Fernando. "A estratégia política do imperialismo". *Seminário Estratégias do Imperialismo na América Latina e Caribe*. São Paulo: CEPIS, 2007.
HILFERDING, Rudolf. *O capital financeiro*. São Paulo: Nova Cultural, 1985.
HOBSBAWM, Eric. *A era dos impérios*. Rio de Janeiro: Paz e Terra, 2009.
HOBSON, John. *Imperialism: a study*. 1902. Disponível em: https://www.marxists.org/archive/hobson/1902/ imperialism/index.htm
KATZ, Claudio. "China: distante do imperialismo e do Sul Global". Disponível em: https://outraspalavras.net/outrasmidias/china-distante-do-imperialismo-e-do-sul-global/, 2021.
_____. "El imperialismo del siglo XXI". Disponível em: http://biblioteca.clacso.edu.ar/ar/libros/cuba/if/marx/documentos/22/El%20imperialismo%20del%20 siglo%20XXI.pdf. Junho de 2002.
_____. *Neoliberalismo, neodesenvolvimento, socialismo*. São Paulo: Expressão Popular e Fundação Perseu Abramo, 2016.
_____. *A Teoria da Dependência 50 Anos Depois*. São Paulo: Expressão Popular, 2020.
KAUTSKY, Karl. "O imperialismo". In: TEIXEIRA, Aloisio (org.). *Utópicos, heréticos e malditos*. Rio de Janeiro: Record, 2009.
LEITE, Leonardo. *Uma análise das teorias do imperialismo contemporâneo à luz da teoria marxista clássica do imperialismo*. Curitiba: UFPR, 2010. Dissertação de Mestrado.
_____. "O canal mais oculto do imperialismo: breve genealogia da categoria da troca desigual a partir das formulações pioneiras sobre o tema". *Colóquio Internacional Marx e o Marxismo*, 2019.
_____. *O capital no mundo e o mundo do capital: uma reinterpretação do imperialismo a partir da teoria do valor de Marx*. Niterói: Faculdade de Ciências Econômicas-UFF, 2017. Tese de doutorado.

REFERÊNCIAS BIBLIOGRÁFICAS

_____. "A dialética do imperialismo: contribuição para uma reinterpretação marxista". *Crítica Marxista*, n° 46, pp.143-151. 2018.
LENIN, Vladimir. *Imperialismo: fase superior do capitalismo*. São Paulo: Expressão Popular, 2012.
_____. "O 'Praticismo' na questão nacional". In: *Sobre o direito das nações à autodeterminação*. 1914. Disponível em: https://www.marxists.org/portugues/ lenin/1914/auto/index.htm
_____. "Que é autodeterminação das nações?". In: *Sobre o direito das nações à autodeterminação*. 1914. Disponível em: https://www.marxists.org/portugues/ lenin/1914/auto/cap01.htm#i1
_____. "Relatório sobre o programa do partido. Oitavo Congresso do RCP (B.)". 18 a 23 de março de 1919. Disponível em: https://www.marxists.org/archive/lenin/ works/1919/rcp8th/03.htm
LI, Minqi. "China: imperialismo ou periferia?". *Monthly Review*, vol. 73, ed. 3, jul-ago, 2021.
LOSURDO, Domenico. *Colonialismo e luta anticolonial*. MANOEL, Jones. (org.). São Paulo: Boitempo, 2020.
_____. "Existe, hoje, um imperialismo europeu?". *Proj. História*. São Paulo, (30), pp. 15-27, jun. 2005.
LUKÁCS, György. *Lenin: um estudo sobre a unidade de seu pensamento*. São Paulo: Boitempo, 2012.
LUXEMBURGO, Rosa. *A acumulação de capital: contribuição ao estudo econômico do imperialismo*. São Paulo: Nova Cultural, 1985.
MANDEL, Ernest. *O capitalismo tardio*. São Paulo: Nova Cultural, 1985.
MARINI, Ruy Mauro. "A dialética da dependência". In: STEDILE, João Pedro; TRASPADINI, Roberta (orgs.). *Ruy Mauro Marini: vida e obra*. São Paulo: Expressão Popular, 2015.
_____. "Prefácio à 5ª edição". In: *Subdesenvolvimento e revolução*. 4ª ed. Florianópolis: Insular, 2013.
MARX, Karl. *O Capital*. Lisboa: Edições 70, 2017.
MATTOS, Pedro. "Superexploração e o imperialismo no século XXI". *Revista Estudos do Sul Global*. n° 12, 1. Instituto Tricontinental de Pesquisa Social. São Paulo, 2020.
MELLO, Alex. "Teorias do neoimperialismo: raízes da teoria marxista do capitalismo mundial". Disponível em: https://periodicos.fclar.unesp.br/estudos/article/download/411/301/1108
MIRANDA, F. "Dinâmicas atuais do capitalismo: capital financeiro e financeirização". In: STÉDILE, Miguel; DUVOISIN, Allan (orgs.). *Fronteiras do capital*. Ebook. São Paulo: Expressão Popular, 2021.

MORAES, Reginaldo. *Neoliberalismo — de onde vem, para onde vai?* São Paulo: Senac, 2001.

OSÓRIO, Luiz Felipe. "Wallerstein, Arrighi e Amin: o imperialismo no capitalismo fordista". *Austral - Revista Brasileira de Estratégia e Relações Internacionais*, vol. 9, n° 18, pp.66-86. Jul-dez, 2020.

PARANÁ, Edemilson; SILVA, Lucas Trindade da. "A pertinência do conceito de capital financeiro em Lenin para uma leitura do capitalismo contemporâneo". *Revista de Estudos e Pesquisas sobre as Américas*, vol.14, n° 1, 2020.

PATNAIK, Prabhat. "Globalization and the Pandemic". *Sage Journals*. Thousand Oaks, vol. 9, pp. 331-341. 2020.

_____; PATNAIK, Utsa. "Imperialismo na era da globalização". In: LÓPEZ, Emiliano (org.). *As veias do Sul continuam abertas: debates sobre o imperialismo do nosso tempo*. São Paulo: Expressão Popular, 2020.

PEREIRA, Vinícius. *A construção da concepção centro e periferia no pensamento econômico: das teses do imperialismo às teorias da dependência*. Vitória: Edufes, 2019.

PIRES, Olívia. "Questão nacional, internacionalismo e anti-imperialismo na América Latina". *Revista Estudos do Sul Global*, n° 12 – 1. Instituto Tricontinental de Pesquisa Social. São Paulo, 2020.

_____. "Questão nacional no pensamento crítico da América Latina". Tese de Doutorado. PUC-SP. São Paulo, 2015.

POCHMANN, Marcio. *Brasil sem industrialização: a herança renunciada*. Ponta Grossa: UEPG, 2016.

PRADO JÚNIOR, Caio. *Formação do Brasil contemporâneo: colônia*. 12. ed. São Paulo: Brasiliense, 1972.

_____. *A revolução brasileira*. São Paulo: Brasiliense, 1966.

PRASHAD, Vijay. *Balas de Washington: uma história da CIA, golpes e assassinatos*. São Paulo: Expressão Popular, 2020.

_____. "Ruínas do presente". *Instituto Tricontinental de Pesquisa Social*, 2018.

RODRIGUES, Carlos Henrique. *Imperialismo e empresa estatal no capitalismo dependente brasileiro (1956-1998)*. Campinas: Instituto de Economia-Unicamp, 2017. Tese de Doutorado.

SAAD FILHO, Alfredo. "Neoliberalismo: uma análise marxista". *Marx e o Marxismo*, vol. 3, n° 4, jan-jun, 2015.

SAMPAIO JR., Plínio de Arruda. *Entre a nação e a barbárie: os dilemas do capitalismo dependente em Caio Prado, Florestan Fernandes e Celso Furtado*. Petrópolis: Vozes, 1999.

SILVA, Ulisses Rubio da. "A relação entre nacionalismo e imperialismo em Lenin". In: *Marx e o marxismo 2015: insurreições, passado e presente*. Niterói: NIEP/MARX-UFF, 2015.

SINGER, Paul. "Apresentação". In: MANDEL, Ernest. *O capitalismo tardio*. São Paulo: Nova Cultural, 1985.

SMITH. John. "Exploração e superexploração na teoria do imperialismo". In: LÓPEZ, Emiliano (org.). *As veias do Sul continuam abertas: debates sobre o imperialismo do nosso tempo*. São Paulo: Expressão Popular, 2020.

_____. "Imperialism in the twenty-first century". *Monthly Review*, vol. 67, n° 3, 2015.

_____. *Imperialism in the twenty-first century: globalization, superexploitation and capitalism's final crisis*. Nova York: Monthly Review Press, 2016.

SUWANDI, Intan. *Value chains: The new economic imperialism*. Nova York: Monthly Review Press, 2019.

_____; JONNA, Jamil; FOSTER, John Bellamy. "Global commodity chains and the new imperialism". *The Jus Semper Global Alliance*, abril, 2019.

_____; FOSTER, John Bellamy. "Multinational corporations and the globalization of monopoly capital: from the 1960s to the present". *Monthly Review*, vol. 68, n° 3, 2016.

TAVARES, Maria da Conceição. "A retomada da hegemonia norte-americana". *Revista de Economia Política*. São Paulo, vol. 5, n.° 2, pp. 5-15, abr-jun, 1985.

_____; MELIN, L. E. "Pós-escrito 1997: a reafirmação da hegemonia norte-americana". In: TAVARES, Maria da Conceição; FIORI, José Luís (orgs.). *Poder e dinheiro: uma economia política da globalização*. Petrópolis: Vozes, 1997.

TRICONTINENTAL, Instituto de Pesquisa Social. "O iPhone e a taxa de exploração". São Paulo, 2019. Disponível em: https://www.thetricontinental.org/pt-pt/o-iphone-e-a-taxa-de-exploracao/

TURNER, N. B. "Is China an imperialist country? Considerations and evidence". 20 de março. Disponível em: https://redstarpublishers.org/, 2014.

_____. "Pragmatism, democracy and imperialism". In: BAERT, Patrick; TURNER, Bryan (eds.). *Pragmatism and European social theory*. Oxford: The Bardwell Press, 2007, pp. 157-181.

WOOD, Ellen. *Empire of capital*. Londres, Nova York: Verso, 2003.

Este livro foi composto com as fontes Baskerville e Minion Pro.
O papel do miolo é o Pólen Natural 80g/m².

A Gráfica Meta concluiu esta impressão
para a Da Vinci Livros em junho de 2025.

A primeira reimpressão deste livro saiu em janeiro de 2023,
mês em que o Brasil foi vítima de uma tentativa de
golpe de Estado promovida por forças políticas e
militares fascistas. A todas elas, o lixo da história.